宇宙の哲学

伊藤邦武

講談社学術文庫

目次

宇宙の哲学

講義　自然哲学のゆくえ

宇宙の哲学

講義　自然哲学のゆくえ

第一講　コスモロジーの自立

われわれの生きる宇宙

皆さんが広大な夜空を見上げて、またたく星々の数限りない微光の世界に不思議な感動を初めて覚えたのは、何歳ぐらいのときだったでしょうか。

私たちは誰でも幼いころに、漆黒の天空と無数の星の海を目の当たりにして、自然の奥深い神秘というものに人知れずひそかに目を開く思いを覚える経験をもったことがあると思います。けれども、そうした感動はいつの日か次第に色あせて、日々の生活のなかに忘れられてしまうことも少なくありません。

私たちは皆、少年少女時代のある時期を、夜空の星座の世界に古代ギリシアの神話の世界を重ねあわせて、ロマンティックな夢をはばたかせてすごしていたはずですが、それもいつのまにか魅力が薄れ、学校で教えられる太陽系や銀河の説明を聞いているうちに、遠い天空のことは次第に退屈な、分かり切ったことのように感じられてきて、格別の感銘を覚えないようになるのかもしれません。なによりも、現代では、われわれが見上げる夜空は地上のさまざまな光の洪水やたちこめるスモッグにさえぎられて、ほとんどその姿を消しているといってもいいくらいです。ときおり、インターネット上のニュースなどで大きな彗星の接近を知り、改めて夜空を眺めてみると、なるほど日頃見慣れた街灯りにまじってうっすらとそれらしい天体が観察されて、奇妙な非現実感におそわれることもあります。

けれども実際には、今日私たちの多くは、子供のころ夜空に星座を探し求めていたときとはまったく別のかたちで、天体の世界に再び目を開き、その偉容に讃嘆の念を抱いているともいえます。というのも私たちは今では、さまざまな宇宙探索船や地上の巨大な望遠鏡によって捉えられた、きわめて遠方の、というより、あまりにも遠い過去の天体の姿を、生々しい「写真」によって毎日の生活のなかでいくらでも眺めることができるからです。私たちはパソコンやテレビの画面に映し出された銀河団やクエーサーや超新星の「色鮮やかな」映像に目を奪われ、一時この地上の喧騒から解放される喜びを味わいます。そして、テレビのチャンネルを何も受信していない番号に変えてみると、そこで画面上にちらついている小さな斑点模様が、実は宇宙の誕生直後の、ビッグバン時代から生き残っている電波、つまり「宇宙背景放射」の直接の作用であることに思いいたって、先ほどまで見ていた宇宙の姿が、実際にわれわれが皆そのなかで生きている世界そのものであることに、もう一度気づかされます。これは非常に奇妙な経験です。私たちは、肉眼で捉えることのできない、空間的にきわめて遠くにあるものを画面上で「視る」ことで、実は気の遠くなるような宇宙の過去を目にしている。しかも、そうしたわれわれの観察を可能にしている電磁波や光の働きこそが、天体を生み出し、宇宙を作ってきた当の素材であるというのですから。

フランスの詩人マラルメは、今から一〇〇年以上前の一九世紀末に、白い紙のうえにインクで記した自分の散文詩が、天空の星座を白黒逆転した存在となることを欲し、それによって、芸術作品創造の作業が宇宙創世の秘密に連なることを願ったと伝えられています。マラルメの考えでは、天空にちりばめられた星々が神の創造の産物であるとすれば、人間はインクの墨をつかって裏返しの世界の創造作業に参加することになると思われたのです。

しかし、そのマラルメの秘教的ともいえる苦痛にみちた芸術的な願望を、今日のわれわれはいともやすやすと実現しているとも考えられるわけです。私たちはいわば自分で生み出した科学的知識を用いて、自分たち自身を生み出した宇宙の構造とその誕生の姿そのものを目にしようとしているのです。

自然哲学の探究

「自分が作り出した知識によって、自分を含むすべてのものを生み出した世界の謎を明らかにすること」――よく考えてみれば、このことはそれ自身非常に不可思議なことです。そしておそらく、自然科学と呼ばれる知的探究の魅力と逆説的性格の核心は、何よりもこのことにあるのだと思われます。われわれはいかにして、自分自身をも含む世界全体について、確かな知識というものを得ることができるのか。それは、限りなく真理へと接近しつづけるものなのか、それともわれわれの探究には原理的に制約があって、ある限界を超えては知りえないものもあるのか。そしてとくに、われわれが宇宙について何事かを知りうる理由そのものも、科学のなかで答えが出るものなのか、それとも、それは科学とは別の反省の形態をとって初めて答えうるものなのだろうか――。

私がこの講義をとおしてその基本的な問題設定と理論的展開について述べてみたいと考えているのは、「自然哲学（Natural Philosophy）」と呼ばれる哲学の一分野ですが、この自然哲学というものは、科学や知識についてのこうした疑問と不可分に結びついた哲学の部門です。それは自然や宇宙の根本的な存在形式や、そのなかで働く法則の性質を明らかにするとともに、そうした科学的知識の可能性がいかにして確保されるのか、ということについても一定の答えを出そうとする試みです。というよりもむしろそれは、そうした人間の知的探究の可能性の根拠を反省することと、自然一般についての原理的な探究とが、いわば双子のように寄り添い、互いに顔を見合わせながら生まれ、成長してきた領域であるといえます。

自然哲学と呼ばれる哲学の部門において、宇宙や自然一般の統一的な原理の探究と、人間の知識の可能性の探究とが、互いに密接な、不即不離のしかたで結びついていたということは、近代ヨーロッパの自然科学の根幹を担った代表的な思想家たちのことを思い浮かべてみれば、直ちに理解できるでしょう。

たとえば、ガリレイやケプラー、あるいはニュートンのような人々は、すべて偉大な科学者であったとともに、さまざまな哲学的な考察をその著書のなかで本格的に展開しています。一方、デカルトやパスカル、あるいはライプニッツといった哲学者たちが、同時に傑出した科学者でもあったことは、よく知られているとおりです。そして、西洋近代のもっとも代表的な哲学者であるカントが、「カント－ラプラスの星雲説」という、天体形成についての理論を提唱した科学者であったことも忘れられません。これらの科学者と哲学者とは、たまたまその探究の過程で互いによく似た問題にも考察の範囲を拡げることがあって、後世の私たちからみると近代的世界観という一つの思想の流れに属するものと認められる、というわけではありません。むしろ、彼らは直接相手の理論を批判したり、再考したりするというかたちで、同じ「自然哲学」という一つの研究領域の、ある明確なプログラムを自覚的に担ってきたのです。

科学的世界像の確立

これらの科学者や哲学者たちが、それぞれ個々の理論的対立を超えて共通の基盤として追究してきたと考えられる当のプログラムとは、何でしょうか。それはいうまでもなく、「近代科学」という方法にもとづく世界の描像の構築であり、より具体的には、まさしく「ニュートン力学」として完成された物理的世界像の確立にほかなりません。一八世紀のイギリスの詩人ポープが、少々大げさに、「自然と自然法則とは、夜のとばりのうちに埋もれていた。神は、ニュートンよ生まれよ、といった。そうすると、すべてに光がさした」と謳ったように、一六八七年のニュートンの『プリンキピア』の出版こそ、西洋近代科学の完成をはっきりと宣言したものです（『プリンキピア』の正確な題名は『自然哲学の数学的原理』です。それは、その表題が端的に示しているように、自然についての原理的な理論体系を、数学的な真理として表現することを目指したものです。自然哲学とはなによりもまず、この自然についての原理的な理論体系のことをさしています)。

『プリンキピア』で打ちたてられた力学の三法則や万有引力の法則は、世界全体をいわゆる機械論的な観点から分析するならば、必ずや認められるであろう現象の法則的性質を、数学の言語で正確に表現したものです。そして、これらの法則を表現する方程式に現れる変数が示す「時間」や「空間」は、この世界の一切の現象がそれを尺度にして語られる根本的な座標軸を意味しています。ガリレイやケプラーの成果を踏まえたニュートンの力学の完成は、それゆえ、単に物理学上の革命である以上に、「科学的世界像」というものの明確な確立という意味で、哲学的な革命という性格をもっていたというべきでしょう。

このことを、ニュートン以上に正面から論じたのは、『プリンキピア』のほぼ一〇〇年後に出版されたカントの『純粋理性批判』であろうと思われます。カントはこの書物において、ニュートン的な科学的知識がなぜ客観的な妥当性を主張できるのか、また、そうした知識を獲得しうる認識の主体には、どのような認識能力が備わっていると考えなければならないのか、さらに、そのような客観的知識が示す世界のありかたとは、物そのものの実相であるとみなしてよいのか、という根本的な問いを投げかけ、これらに統一的な答えを与えようとしました。そして、そうした科学が可能であるということからは、人間と世界との関係についての、まったく新しい見方が必要となるということを強調しました。彼はそのような見方の転換を、コペルニクスの天文学的転換になぞらえています。

カントがこの主張によって何を意味しようとしたのかは、後の方の講義でもう少し深く考えてみたいと思いますが、ここでとりあえず注意しておく必要があるのは、コペルニクスの地動説（太陽中心説）がその『天体の回転について』の出版によって主張された一五四三年から数えると、カントのこのような表現が現れるのは、そのほぼ二四〇年後であるという事実です。近代的な世界像がその認識論的な基礎を与えられ、その革新性が「コペルニクス的転回（Copernican Revolution）」、すなわち「コペルニクス革命」として表現されるようになるまでに、これだけの年月がかかったのです（なお、少しだけ細かいことをつけ加えますと、「コペルニクス的転回」という言葉は、本当はカント自身が用いたわけではないのですが、カントが自説の革新性をコペルニクスになぞらえ、そこに一種の認識論上の逆転があることを述べると、すぐにこの言葉が広く一般に使われるようになって、今ではこの言葉を多少乱雑に、カント自身の用語とみなして話をするようになったのです）。

新しい自然哲学の時代のとばくち

さてここで、現代のわれわれの自然科学的世界像というものに目を転じてみると、私たちの時代もまた大規模な科学革命を経験しつつあるといえます。そして、「自然哲学」というものを、自然科学的な観点からみられた、世界全体についての描像と、そのうちなる人間の位置、というふうにひろく解釈してみると、私たちも現代の科学の状況にみあった自然哲学というものを追究していると考えることができます。あるいは、もっと正確にいえば、そうした哲学を模索し始めている、と思われます。

実際、二〇世紀の初頭以来、相対性理論と量子論という二つのきわめて精緻かつ根本的な理論の協働によって、非常に大がかりな宇宙論の構築が叫ばれている現代は、まさしく新たな自然哲学の模索の時代でもあることは疑いありません。もちろん、われわれの自然哲学的探究は、まだその端緒についたばかりであるというべきで、何らかの具体的な世界観というものを構築するには程遠い状態にあります。このことはしかし、格別驚くべきことでもなければ、嘆かわしいことともいえないでしょう。というのも相対性理論と量子論という二つの理論それぞれには、いまだ完全に解明されているとはいえない、いくつかの原理的な難問がつきまとっており、さらには、これらの二つの理論を統一的に結びつける「究極の理論」について、現在熱心な研究がなされているとはいうものの、まだ誰もその完全な形式を手に入れてはいないとされているからです。

しかし何よりも、これらの理論が誕生してから、まだ一〇〇年ほどがたっただけであることを考えれば、むしろこれらの理論の統合やその宇宙論への応用のテンポの早さこそ、目をみはらせるものがあるといえるでしょう。私たちは、新しい自然哲学の時代のとばくちに立っていて、その魅力の片鱗をかいま見つつある、というのが現状であると思われます。

近代哲学「復習」の意味

さて、われわれの今日の状況をこのようなものと理解しますと、これからのわれわれ自身の新しい世界像の青写真をスケッチし、そのゆくえを占ってみるためにも、現代科学に先立つ近代科学が提起した哲学的諸問題というものを、もう一度しっかりと頭に入れておく必要があるだろうと思われます。つまり、近代「科学」と双子の関係にあった近代「哲学」の複雑で深刻な問題意識が、今日の私たちにとっても多くのことを教えるだろうと予想されるわけです。この講義では基本的に、そうした現代の自然哲学的探究の予備作業としての、近代哲学の問題意識というものの復習をして、そこから自然哲学のこれからのゆくえを占うことにしてみたいと考えています。

ところで、現在の時点で、このような近代哲学の「復習」ということを申しますと、直ちに次のような疑問が出されるかもしれません。この点は重要な点ですので、あらかじめここで最初に一言触れておくことにします。さてその疑問とは、もしも現代のわれわれの科学的知識が西洋近代のそれと大きく異なっているのであれば、その知識を基礎におき、その知識を掘り下げるために追究された過去の哲学を、現代の時点で考察することに何の意味があるのか、という疑問です。

たしかに現代の私たちが宇宙全体と人間というものの関係やそれぞれの起源について、確固とした描像をいまだもっていないのは事実であるとしても、われわれの自然全体についての知識がデカルトやカントの時代のそれを大きく凌駕した、しかも非常に異質なものであることは疑いがないのではないか。そうであるとすれば、ただ何らかのヒントを得るためにという理由だけで、近代哲学のさまざまな側面を見直すことに特別の意味があるのだろうか——。今日の私たちにとっては、このような疑問が生じて当然だろうと思います。

正直なところ、こうした疑問に十分な答えを与えることはかなり困難なことです。

というのも、ここには、科学と哲学との関係をどのようなものと理解するべきなのか、という深遠な問題とともに、近代科学と現代科学との関係を正確にはどのように特徴づけるのか、という微妙な問題もからんでいるからです。近代の科学と現代の科学とが、まったく同一の「パラダイム」のなかの営みであるか、あるいは、完全に相互に異質なものであるとしたら、この疑問にはもう少し簡単に答えられたはずです。しかし、これらの科学はそうした単純な関係に立つとはいえないでしょう。これらの科学のあいだには連続性と断絶の両方がかかわっているように見えます。

ここで、現代の科学が近代の科学観の延長上にあるというのは、いうまでもなく、われわれの自然世界にたいする認識はすべて数学的な命題によって表現されてはじめて厳密なものとなるということ、つまり、一七世紀にガリレイがいったように、「自然は数学という言語によって書かれている」という考えが、現代において疑われるようになるどころか、ますますその正しさと重要性を強めているということです。

また、一方の断絶の側面も容易に指摘できます。現代の物理学は、電子や素粒子などのミクロな存在者によって物質が構成されていると考えますが、これらはニュートンの時代の人々が物質を構成するものとしてイメージしていた「粒子」とは、まったく異なるものです。それはたとえばニュートンの先行者ボイルが想定していたような、空間のなかを跳びはねる小さなボールのようなものではなくて、振幅をもった一種の力の波動として考えられています。また、これらの物質が作用しあう世界全体の座標軸であるところの、「空間」や「時間」という概念そのものが、今では相対論によって完全に書き換えられています。したがって、現代物理学においては物質の本性とその物質の存在の枠組みの双方が、いわゆるニュートン的な機械論的世界像とは大きな断絶をもっていることは明白です。

それゆえ、現代の自然像は、その記述の方法にかんしては近代科学の延長上に位置するものの、それが描き出す自然の姿はまったく異なったものだ、という複雑な性格をもっています。

私たちはそれゆえ、西洋近代哲学の理解ということに多くを期待するべきではない、ということになるかもしれません。それはせいぜいのところ、今日のわれわれが反面教師として参照すべき過去の遺物である、と考えることも一つの可能な見方であろうと思われます。

しかし、私自身は、近代科学と哲学の両方を含むヨーロッパの自然哲学は、やはり現代のわれわれの関心と非常に深いところで重なりあっている、というふうに考えています。その連続性はもちろん、今述べたように、数学的な自然記述ということで表面的には答えられるのですが、しかしその根底にある問題意識という観点からみれば、数学という知識の表現形式にもとづく連続性ということだけでは、十分な説明を与えたことにはならないでしょう。

コスモロジーの自立のために

その、近代から現代へと貫く共通の問題意識というものを、一言で特徴づけることは容易ではありませんが、ここではそれをさしあたって仮に、「コスモロジーの自立」という言葉で表現してみたいと思います。

ここでいうコスモロジーの自立とは、宇宙全体の過去から将来までの一切についての認識が、その認識成立の可能性の原理をも含めて、その理論内部の説明原理によって得られることになるような、一種の科学の理想を意味するとします。今日の私たちの宇宙論の主眼点が、このような理論的な自立を成し遂げようとする努力にあることは、間違いありません。しかし、近代の自然哲学の主題もまた、同じような理論的自立にあったと考えられるのです。たとえば、先に触れたカントのいう「コペルニクス的転回」は、近代科学におけるこうした理論的自立の意識に、カントの認識論を重ね、負荷したかたちで表現しようとしたものであると解釈できます。

近代の自然科学は、現代に生きるわれわれとは異なったパースペクティヴからではあるが、現代のわれわれと同じように人間の知識の自立ということを主題とし、その可能性を説明するとともに、その意義についても反省を加えようとしていた。それは、科学と哲学とが手をたずさえて、コスモロジーという総合理論を構築しようとする、一つの息の長い理論的な闘争であった。しかし、そこで展開された哲学的な反省には、いくつかの重大な制約も含まれていた。したがって、その哲学的反省の実質を概観するとともに、その制約の露呈を見極めることが、現代の私たちのコスモロジカルな反省と思弁的努力にとっても、有効な視座を与えてくれるのではないか——。「宇宙を哲学する」という知的冒険をスケッチするこの本では、おおよそこのような見通しのもとで、まず始めに、七回の講義というかたちで、西洋近代哲学における「コスモロジーの自立」の努力とその帰結とを跡づけてみたいと思うのです。

第二講　ケプラーの夢

伝統的思考法からの独立

私は前回の講義で、「コスモロジーの自立」ということに触れて、それが近代の哲学においては、コペルニクス的転回、あるいはコペルニクス革命という言葉で表現されるものであったこと、また、そうした転換が根本的な世界観の転換として意識されるには、非常に長い期間がかかったということを述べました。

このことは今日の私たちからみると不思議な感じもしますが、実際の科学史上の主要なテキストをひもといてみると、十分に納得することができます。というのも、ガリレイであれ、デカルトであれ、あるいはニュートンであっても、その具体的なテキストのなかには、きわめて骨格のしっかりとした、厳密で体系的な議論が展開されているると同時に、さまざまな理論的躊躇や自問というものも含まれていて、地動説という私たちにとってはほとんど自明で退屈な議論でさえ、当時の人々にとっては、必ずしも確実な、疑うことのできない議論であると納得されていたとはいえない面があるからです。

たとえば、コペルニクス自身にとって、その太陽中心説は、その発表を最後まで躊躇させるものでありましたが、その主な理由は、その理論が教会の教えに抵触する反宗教的なものである、ということばかりではなかったようです。むしろ、それがあまりにも当時の常識に反していて、人々の嘲笑の対象となることを恐れた面が強かったといわれています。

とはいえ、これらの近代科学の出発点を担った思想家たちが、地動説や惑星の運動の原理などの個々の点について、いくつかの留保をもっていたとしても、その一方で、それぞれの理論が全体としてもつ根本的な革新性ということを強く意識していたということは、やはり疑いのないことです。彼らはそれぞれのしかたで、自分の理論的探究がいかに伝統からのラディカルな離脱を目指したものであるかを、繰り返しそのテキストのなかで語っています。

このことは、ガリレイの『天文対話』や、デカルトの『方法序説』を読んでみるととくに印象づけられることですが、ここでは、その一つの例として、彼らと同時代のもう一人の代表的な天文学者であり、また哲学者でもあった、ヨハネス・ケプラーの場合を見ることによって、近代科学の出発点にあるもろもろの伝統的思考法からの独立という意識の、具体的なありかたを確かめてみたいと思います。ケプラーはガリレイ、デカルトほど洗練された文章家ではなく、またその科学的業績にも玉石混交といったところがありますが、他方では彼ら以上に想像力にあふれた、メタファーに富んだ文章を書いていますので、コスモロジーの自立という私たちのテーマをまず最初に直感的に理解するためには、かえって便利なところがあるのです。

ケプラーとは誰か

ケプラーは一五七一年にドイツに生まれました。彼はプラハでティコ・ブラーエの弟子となって、当時としてはヨーロッパでもっとも精密な天文学上の観察記録をもっていたブラーエの資料を用いて、火星を中心とする諸惑星の運動論の完成を試み、その結果、いわゆるケプラーの三法則をみちびいて、ニュートンの万有引力の力学への道を切りひらいたことで知られています。その三法則とは、「楕円軌道の法則」（惑星は太陽を一焦点とする楕円軌道を描く）、「面積速度恒存の法則」（惑星と太陽間の直線は、単位時間に等しい面積をカ

ケプラー

ヴァーする)、「調和法則」(惑星の公転周期の二乗は、太陽からの平均距離の三乗に比例する)と呼ばれています。彼は、このうちの最初の二法則を『新天文学』(一六〇九年)、第三法則を『世界の和声学』(一六一九年)のなかで発表しました。これらのテキストの詳細については、科学史の参考書にゆずることにして、この講義ではその革新性の要点のみを、しかもきわめて表面的にですが、考察してみることにしましょう。

世界初のサイエンス・フィクション

しかし、その具体的な特徴に触れる前に、彼のもう一つの著作で、遺著となった、『夢』と題された珍しいテキストを取り上げてみたいと思います。この著作のもともとの題名は、『皇帝付数学者、故ヨハネス・ケプラーの夢、もしくは月の天文学にかんする遺作』(一六三四年)というものです(講談社学術文庫版〈渡辺正雄・榎本恵美子訳、一九八五年〉では『ケプラーの夢』という表題です。以下の引用では、表記を少し変えたり省いたりしてあります。これは、本書の以下の講義でも、既訳を使うときには同じです)。これがなぜ珍しいかといえば、それはこのテキストが世界でも最初のサイエンス・フィクション、つまり空想「科学」小説であるといわれているからです。

ケプラーはここである夜、夢のなかで一冊の本を読んだが、その本は一人の天文学者が月の世界へ旅行し、そこからの宇宙の観察を報告したものだった、という話をして、その本の紹介というかたちで、（実はケプラー自身の分身である）その天文学者の月世界旅行の経緯と、月から眺められた天体現象とを語ります。その夢の本によれば、天文学者はティコ・ブラーエのもとで新しい天文学を修めたのち、故郷のアイスランドに帰って母親に再会する。母親は古い天文学に通暁していたのですが、息子の知識を知って喜び、自分のもっている魔法の力で精霊もしくは「ダイモーン」を呼び出して、その天文学者を月へ運ばせて、その知識の正確さを確かめる作業に力を貸すことにする。そしてその息子は、月の世界で詳しい天体観察を行って、新しい知識の正確さを十分に感得し、その報告を行うというわけです。

この著作の眼目はいうまでもなく、新しい天文学の知識の強力さを、その天体現象の記述の精密さによって示そうとした点にあったのでしょう。そこには月面の気象や地形のようすや、月から見られた恒星、太陽、地球のようすが詳しく語られていますす。しかし、この著作の主題は単に新奇な天体報告を示すということだけにあったわけではなくて、その科学方法論上の変革と、それにともなう世界観の転換ということを示唆するところにも、力点が置かれていたのであろうと思われます。

彼はこのような書物をなぜ書いたのか、またそれをなぜ母と息子の物語としたのかを、次のように説明しています。

教えを受けていない単なる経験、つまり医学の用語でいうところの経験のみの修練は、「知識」を生み出す母なのである。知識にとっては、その母親である「無知」が人々のあいだに生き続けているかぎりは、物事の奥深く隠された原因を暴くのは安全ではない。……私の『夢』の目的は、地球の運動を支持する議論を打ち立てるために月の例を使うことである。……月の住民から見れば、その天空に見える大きな球体、すなわちわれわれの地球は、それ自身の不動の軸を中心にしてたえず回転しているように見える。彼らはこの回転の証拠として、その球体上の諸地点の変化を挙げることができるのである。

私はこの説明のなかに、少なくとも三つのきわめて重要な主張がこめられていると考えます。一つは、「科学」すなわち「知識」（これらの原語はいずれもスキエンティア、つまりサイエンスです）とは、それまでの長い無知からの離脱を目指すものであるが、この離脱は子供が親から独立することに等しく、さまざまな感情的な葛藤や混乱をともないがちだ、という主張です。二つ目は、この知識の自立においては、地上に住むわれわれ自身を月のような外の世界から観察する視点が必要であり、いいかえれば、物事を観察したり経験したりしている自分自身をも、外から突き放して考えてみる必要がある、という主張です。そして、三つ目には、こうしたいわば自己中心的な見方からの脱却が可能になるのは、自分たちが経験を通じて得てきたデータだけに満足するのではなくて、それらのデータの背後にある、現象の奥にある本質的な「因果関係」を突き止めようとする努力によるのだ、という主張です。

これら三つの主張は互いに密接に関係しあっているものであって、たとえば、人間が自分自身をも突き放して考えようとするとき、そこにどのような感情的な葛藤が生じるのかという、一番目と二番目の主張とを結びつけた問題や、因果的な自然世界の認識は本当に自己中心的な視点の放棄を意味するのか、という（二番目と三番目の）問題は、ケプラーの時代以降、近代の哲学がその中心問題としてさまざまに論じてきた主題です。

これらについて、私たちは以下の講義のなかでも、いくつかの解答に触れることがあるでしょう。ここではただ、ケプラーの三番目の主張だけに限って、彼が自然の奥にある原因ということで何を考えていたのか、また、それは「単なる観察」とどうかかわっているのか、さらには、そのことが先に挙げた彼の天文学的な業績にどうつながっているのか、ということについてのみ簡単にまとめてみることにしましょう。

「円が完全な図形であると考える理由は何もない」

さて、ケプラーには、上述の二冊の主著以前に出版された、『宇宙の神秘』(一五九六年)と題された有名な著書があります。この本も邦訳がありますが(『宇宙の神秘』、大槻真一郎・岸本良彦訳、工作舎、一九八二年)、彼はそこで、当時知られていた六つの惑星のあいだの五つの空間が、正四面体から正二〇面体までの、五種類の正多面体を入れ子状にした世界として理解できるであろう、という理論を展開しています。

彼の第三法則を記した『世界の和声学』も、この一種の数学的な調和の思想をさらに徹底したもので、そこでは各惑星の運動それぞれに対応した音階のパターンが特定されて、それぞれが一つの和音の形式をもち、その多声形式としての太陽系の「音楽」が生み出されるというふうに、語られています。

このように、ケプラーの宇宙論には、魅力的ではあるけれども、いわゆる科学的な実証的精神には縁遠い、直感的な着想がふんだんに用いられているために、彼の思想はしばしばロマン主義の一種、あるいは場合によっては魔術的な世界像として語られがちです。

しかしながら、この点はとくに『新天文学』の記述に明瞭に示されていることですが、ケプラー自身の探究方法は、そうした直感に頼った空想的な方法とは、まったく正反対のものです。彼はこの著作で、ブラーエの蓄積した膨大な観察データをどうにかして数学的に単純な記述に帰着させようとした悪戦苦闘の過程を逐一述べて、その結果ついに、古代ギリシア以来の根本的固定観念、すなわち、天体は「完全な図形」である円を描くという思い込みを捨てて、惑星軌道のうちに楕円を読み取ることができた思考の道筋を詳細に語っています。「円が完全な図形であると考える理由は何もない」——このような思考上の革新が、計算や観察を無視する魔術的思考によって成し遂げられる可能性があったでしょう

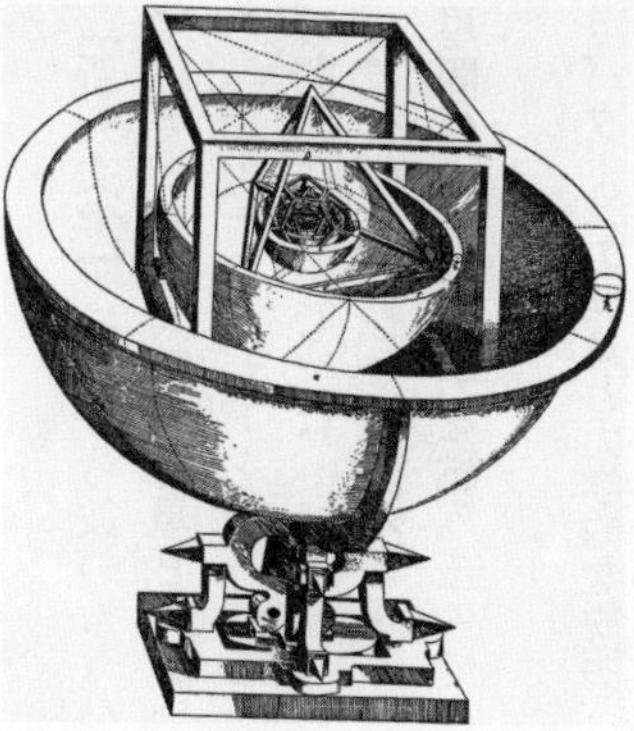

ケプラーの正多面体モデル（『宇宙の神秘』）

か。

『新天文学』における彼のもうひとつの関心は、太陽がこの楕円形の一焦点に位置していて、その太陽と惑星とのあいだに面積速度恒存の法則のような運動法則が成立する「理由」は何か、ということを明らかにすることです。詳細は省きますが、彼はこの問題にかんしては、イギリスのギルバートの『磁石について』に見られる磁力研究などを参考にして、後のニュートンの引力による説明を先取りしたような、太陽と惑星間の力学的説明を試みるのです。

パターンの発見と力学的な説明

要約をしてみましょう。ケプラーの探究方法は、膨大な観察結果をできるだけ整合的に説明できるような「数学的パターン」の発見を目指したうえで、さらにそのパターンの「因果的な説明」を、力学上の理論によって与えようとするものです。彼がいう、自然の「奥」にある本質を探究する方法とは、複雑な現象に隠された単純なパターンの発見と、そのパターンの力学的な説明という二重のプロセスを組み込んだものであり、彼はこの方法を、単に過去に蓄積された体験を無秩序に列挙したものを重視するだけの従来の方法に対置したわけです。

正確にいえば、ケプラーはもっとずっと複雑で、独創的な思想家です。彼の「母と子」のメタファーを取り上げるだけでも、ここで単純に理解してしまった以上に奥深い、現代の私たちの意識に直結するような、ニュアンスに富んだ思想がかいま見られるように思います。彼の豊富なアイデアそれぞれの前衛的な性格を味わうためには、そのテキストを実際に丹念に読んでみる必要があるようです。私たちはいま、その特徴を表面的になぞったにすぎませんが、それでも、彼がなぜ『夢』のような斬新な書物を書くことができたのか、またなぜそれを書かずにはいられなかったのかということについて、少しだけ理解することができるような気がするのではないでしょうか。

いずれにしましても、「科学の方法論」にかんする、一九世紀後半から現代までの代表的な理論家である、パース、ポパー、ハンソンの三人は、その方法論上の主張のための例証として、そろってケプラーの楕円軌道の発見のケースを挙げています。そしてそのことは、この発見のきわめてドラマティックな性格を考えるならばけっして偶然ではないと思われるのです。

第三講　無限宇宙の永遠の沈黙

夜空の星々への畏敬と恐怖

私たちが前回の講義で取りあげたケプラーは、天体の複雑な運動のうちに、「天上の音楽」を聴き取る特別に鋭い感覚をもっていました。彼が対象とした宇宙は、太陽系という限られた世界ではあったにしても、その観察のデータは複雑をきわめたもので、彼がそのデータを相手に格闘した計算上の努力にはなみなみならぬものがあります。すでに指摘したように、彼は、そうした超人的な計算の努力の果てに、調和にみちた音楽を聴くことができたのであって、けっして夜空の星の世界そのものを感傷的な気分にひたって眺めているだけで、音楽が聞こえてきたというわけではないのです。

ところで、そうした数学的な努力の問題をとりあえず脇において、まさに夜空の星々を直接観察するときに、私たちが感じる感情にはどんなものがあるでしょうか。このことはもちろん、それを眺める人の気質や、そのときの気分、そしてどのような場所で観察するかということによって、ずいぶん違ったものになると思われますが、哲学の歴史のなかで、この点について述べたもっとも有名な表現は、パスカルとカントの言葉であるといえます。

カントについては、後で何度も考察しますが、彼の墓碑銘にはこう書かれています。「思えば思うほど私のこころを驚きと畏れのいや増す気持ちでみたす二つのもの。天上の星をちりばめた大空と、私の内なる道徳法則」。「驚きと畏れ」、それが天上の星々と自分のこころの内なる道徳法則とにかんして等しく感じられるというのが、啓蒙時代を生きたカントの哲学の根本的な考えかたをよく表しています。一方、ケプラーやデカルトの少しあとに生まれた天才数学者パスカルの方は、こう書いています。「この無限の空間の永遠の沈黙は私を恐れさせる」。すなわち、同じく「おそれ」といっても、カントにとっては畏敬の念であったものが、その一〇〇年前に生きたパスカルにとってはよりストレートな恐怖として感じられたわけです。このことは何を意味していて、パスカルはどのような理由から特別な恐怖を感じるといっているのか――。この点を考えることによって、私たちは単にパスカルの個人的な気分や気質というものにとどまらず、パスカルの先輩にあたるデカルトの立場のユニークさや、デカルトやパスカル以後に、ニュートン力学として完成された近代の世界像をめぐる、ニュートン自身やそれに反対しようとしたバークリーやライプニッツの問題意識、あるいはそれらの理論的対立を踏まえて、さらに整合的な観点を打ち出そうとしたカントの問題意識という、近代哲学の問題群そのものの核心に、一歩近づくことができるでしょう。

パスカル

沈黙する宇宙と人間の孤独

さて、パスカルが右の言葉を記したのは、彼の死後に残された断片集を編纂して出版された『パンセ』という本のなかでです。この書物は、若くして流体力学や計算機の考案、あるいは円錐曲線論などの画期的な業績をのこしたパスカルが、宗教的に決定的な「回心」を経験して、ジャンセニウス派という、当時のフランスのキリスト教世界ではかなり急進的な、異議申し立てのグループに近い立場をとりつつ、「キリスト教の弁証」というものを試みようとして書き綴ったものです。『パンセ』のなかには、「人間は考える葦である」とか、「クレオパトラの鼻、それがもっと短かかったならば、大地の全表面は変わっていたであろう」といった、有名な章句がありますから、この本を手にしたことのある人も多いのではないでしょうか。

『パンセ』は、現行の版では二七章に分かれていて、その全体が、前半部の「神なき人間の悲惨」と後半部の「神とともにある人間の幸福」という、二部から構成されています。右にあげた「無限の空間への恐怖」という断章は、「人間の知識から神の知識への移行」という、ちょうどまん中あたりにある章に含まれていて、「神なき」状態にある人間の悲惨さの一面を、ぎりぎりまで追い詰めたかたちで提示する、という意味をもっています。パスカルによれば、私たち人間の、日常生活のなかでのもっとも根源的な状態とは、「定めなさ、倦怠、不安」というものであり、宇宙空間への恐怖とは、この不安のまごうことなき露呈を表していることになります。ここには、広大無辺な宇宙を目の前にした、一人一人の人間が抱くであろう底知れない孤独感が、非常に鋭くえぐられています。

『パンセ』のなかには、宇宙の沈黙について、右の文章にほぼそっくりの内容のものが、もうひとつ含まれていますので、ここの引用をしてみましょう。

人間の盲目と悲惨さを目にし、沈黙する全宇宙を見つめるとき、また、人間が光なく打ち捨てられて、いわば宇宙のこの一角に迷いこんで、誰によってそこに置かれたのか、何をしにここへ来たのか、死ねばどうなるのかを知ることなく、何も認識する能力をもたずにいることを見つめるとき、私は恐怖に襲われる。ちょうど、眠っているあいだにどこかの無人島につれてこられて、目覚めたとき、そこがどこかも分からず、そこから逃れるすべもない一人の人間のように。

パスカルはここで、「光なく打ち捨てられた」人間の姿を、「眠っているあいだにどこかの無人島につれてこられて」、自分がどこにいるのかも分からなくなっている孤独な人間にたとえていますが、この比喩の現代性には本当に驚かされます。

ところで、私はさきほど、宇宙を直接目のあたりにしたわれわれの感情には、それぞれの人間の気質や気分によってかなりの相違が存するのではないか、と申しましたが、パスカルのこの章句にたいしても、人によって相当に相反するリアクションが見られるようです。

たとえば、サルトルを代表とする二〇世紀の実存主義の哲学者の多くは、この思想のうちに、彼らの主張しようとする人間存在の不条理性や、人間の本来的なありかたへの覚悟という考えの、三〇〇年の隔たりを跳び越えた、前衛的な先取りというものを見出しました。

他方、私が講義の最初のところで触れたマラルメの弟子でもあった、フランスの詩人ヴァレリーのように、この文章に過剰ともいうべき嫌悪感を示す者もいます。ヴァレリーによれば、パスカルは自分自身の絶望的な空しさの気分を、すべての人々にまで拡大しようとし、自然な態度で接すればその美しさに打たれるはずの夜空を、恐怖の対象と思いこませるために、ありったけの文章力を動員しているのだ、というわけです。

無限の空間、永遠の沈黙、恐怖

さて、『パンセ』の多くの断章のなかには、たしかに多少とも作者の個人的な心情を強調しようとするあまり、誇張ととられてもしかたのない文章もあります。しかし、私たちがここで問題にしているテーゼにかんしては、単にパスカルの個人的な感情とか、文体の問題といってすますわけにはいかない、重要な諸問題もまた凝縮されたかたちで述べられていることを見て取る必要があります。それらの問題とは、すなわち、「無限の空間」、「永遠の沈黙」、「恐怖」という三つのタームそれぞれにかかわる問題です。以下、これら三点をめぐる哲学的、宇宙論的議論を簡単に教科書風にまとめてみましょう。

(1)空間の無限性

私たちが前回取り上げたケプラーの宇宙論は、その主題が太陽系ということもあって、宇宙空間全体の無限性・有限性を論じるものではなかった。むしろ、その正多面体や和声の原理からいっても、ケプラーの宇宙は有限宇宙というべきものであった。しかし、二〇世紀のもっとも代表的な科学史家アレクサンドル・コイレは、近代的世界像の誕生を論じたその著書に、『閉じた世界から無限宇宙へ』という表題をつけている。ケプラー自身がすでに、人間中心の世界像を否定して、人間をそのローカルな一部に位置づけるような、世界についてのより無限定な描像をもっていた。では誰が、その世界の壁を実際に打破して、空間における無限というものの可能性を明確に主張したのだろうか。

この点にかんする思想史の定説では、一五世紀の宗教的思想家ニコラウス・クザーヌスが、宇宙の無限性を明言した最初の人であり、さらに、ルネサンス期イタリアの哲学者ブルーノが、後のスピノザやシェリングのような、神即自然ともいうべき観点から無限宇宙論を積極的に唱えたとされている。しかし、パスカルにとって、宇宙あるいは空間の無限性の思想は、これらの人々よりもずっと近いところにいたデカルトの思想を受け継いだと考えるのが自然であろう（デカルトとパスカルはいうまでもなく、思想上の天才をきら星のごとく輩出した一七世紀のヨーロッパにあっても、特別に大きな光芒を放った哲学者である。二人は二七歳ちがいであったが、一度だけパリで出会ったと伝えられている）。

デカルトはよく知られているように、その哲学の探究を、アルキメデスの定点ともいうべき「コギト」の原理から出発することによって、精神と物質とを根本的に峻別する二元論的な世界像を樹立した。これら二つのうち、精神の方は「考えるもの」という本質的規定が与えられ、物質の方には「延長するもの」という規定が与えられた。そして、この延長体が数学的分析の対象となるかぎりで、それには限りがないという意味での「無際限」という形容詞がつけられることになった。実際にはデカルトにあっては、本当に積極的な意味での「無限性」は、精神と物質との共通の作者であるところの神にのみ帰せられると考えられているが、しかし同時に、その神の創造物である世界に限界を設けることはできないという意味でも、空間あるいは延長的世界は無際限であるとされたのである。

パスカルの「無限」空間は、このデカルトの消極的意味での無際限な空間を超えて、個別的な延長体における有限性とのさらに明確な対比を強調しようとしたものである。というのも、彼はその数学研究において、後の積分法の萌芽というべき「無限小の冪《べき》」というアイデアを考案しており、また、無限大と無限小の中間者としての有限量という視点を、とくに重視していたからである（たとえば、『幾何学的精神について』において）。この点で、彼にはデカルトの物質観をより徹底するための数学的なテクニックがそなわっていたのである。

⑵沈黙、すなわち無目的性

無限に拡がる空間が永遠に沈黙しているというのは、この空間内のさまざまな事象の変化、運動のありかたには何の特別な意義も認められないということであり、運動の果てに設定されている目標というものもないということである。この考えも、デカルトの機械論的自然観を下敷きにしたものであるが、パスカルはこれについても独自なしかたでそれを徹底させる道をとっている。

デカルトがガリレイとともに採用した機械論的自然観によれば、自然現象のなかにはアリストテレス主義に立つ中世のスコラ哲学者たちが認めたような、目的原因や形相的原因は存在せず、すべては自然法則にしたがったメカニスティックな運動を展開するのみである。そもそも、自然のうちに何らかの目的や意義を読み取ろうとすることは、その創造者である神の無限の知性における計画や意図を理解しようとするのに等しく、人間の有限な精神にとっては不可能なことなのである。

パスカルはデカルトのこの議論を認めたうえで、さらに、その当の創造者である神の「存在」そのものが、人間の有限知性によっては知りえないのではないか、と問いかける。デカルトは、神の存在が、自然の内なる目的性や調和の事実に頼らなくても、「考えるもの」としての私の存在から証明できると考えた。しかし、パスカルによれば、そのような形而上学的議論はあまりにもこみいっていて、「われわれのこころを打つことはない」。神はむしろ、徹頭徹尾われわれの知性の前から「隠れている」。その存在は証明されるのではなくて、われわれ一人一人の生を賭けた、不確実な幸福への飛躍によって信じられる他はない。その賭けは、永遠の沈黙を守る自然世界を前にしてなされるのである。

⑶恐怖、あるいは情念

デカルトのいう精神は、延長体である自然世界と完全に断絶しながら、その自然世界を数学的に解析している精神である。この精神がまた延長体である身体というものをもちうるということは、彼の二元論にとっては解くことのできない謎として残される。パスカルも同様に、人間が精神と身体からなる二重的存在者であることを、われわれの知性にとっては理解できない神秘と見る。しかし、この神秘は知的レベルでの謎として終わることはできない。というのも、心身の二重存在者である人間はその心身結合のゆえに、情念というものをもつのであり、さらにこの結合体そのものが、無限大の宇宙を前にしてはほとんど無に等しく、しかも無限小のミクロな存在者にたいしては無限大にも等しいという、さらに謎めいた二重性をもっているからである。人間が自分自身を心身の結合体とみなし、その結合体としての自己理解のもとで、自分自身がマクロとミクロの世界の中間にいわば宙吊りになっていると感じられるということが、パスカルのいう「不安」あるいは「恐怖」である。それは世界を数学的にのみ解析しようとしている純粋精神にとっては知りえない、身体と直結したなまなましい自己認識のレベルでの情念なのである。

パスカルの根源性と先駆性

さて、私たちはパスカルの短い文章を、「無限」「沈黙」「恐怖」という三つの言葉に区切ってみて、それぞれの言葉の背景にある思想を概略的になぞってみたわけですが、右のように細かく分解して考えてみると、そこには西洋近代初頭の哲学における問題群が集中的に集められていて、この文章全体はいわばそれらの結晶として提示されているということに気づかされることになります。神と人間、マクロとミクロの世界、機械として見られた世界と目的、精神と身体、そして空間と時間。パスカルはこれらの問題を、直接的にはその先行者であるデカルトの思想を手がかりに掘り下げたわけですが、そうした問題群を一つのセンテンスにまとめあげ、凝縮する文体の力は、まさにパスカル独自の才能というべきものでしょう。

そして、ここで取り上げられている問題のどれをとっても、パスカル自身の思索によって、それぞれがラディカルなかたちでつきつめられているということも、明らかであると思われます。とくに、マクロとミクロの自然現象の不可思議な関係という着想は、近代科学を突きぬけて、現代科学の中心問題にまで迫っているものを感じさせます。また、神の存在を論証的な証明によって認めることはできないという主張は、近代科学におけるコスモロジーの自立というモチーフの急所を突いたものであるともいえるでしょう。

それがなぜそうなのか、それが近代科学の成立の基礎とどう関係しているのかということは、パスカルが問題にしたもう一つのテーマである、空間と時間をめぐる論争とからめて、次回の講義でお話ししたいと思います。

第四講　時空をめぐる論争

ニュートン力学が切りひらいた問い

デカルトやパスカルは、宇宙の空間が無限である、もしくは無際限であると考えました。彼らはこのことを、実際に宇宙の無限のかなたについての知識をもっていたために主張したのではなくて、おもに、その数学的な記述の適用可能性のゆえに理論的に想定していたにすぎません。しかし、彼らの機械論的な自然観が、「ニュートン力学」という自然世界の普遍的な力学として完成されることになると、この世界全体が無限な大きさをもつのか、それとも有限な拡がりしかもたないものなのか、という問題はもっと具体的な、切実な問題として意識されるようになります。

とくに、この空間がデカルトが最初考えたように、さまざまな大きさの粒子がびっしりとつまった物質界そのものであるというのではなくて、パスカルが実証したように、そこには真空というものも存在すること、あるいはニュートンが明らかにしたように、空間とは質量をもつ物体どうしの引力が働きあう場所であるということになると、そもそもこの空間とはどのような存在者なのか、ということが謎めいてきます。たとえば、いかなる物体も存在しなかったとしても、空間自体は存在していると考えてよいのか。それとも、物体なしには空間もまた存在しないのか。また、そうした空間の無限・有限の区別は、原理的に人間の知識によって理論的な決着がつけられるものなのか。こういう根本的な問題が、ぬきさしならないかたちで突きつけられているると感じられるようになるわけです（さらにいえば、この空間のなかで、互いに離れた物体どうしのあいだに力が働きあうというとき、その力の作用は何かオカルト的な、摩訶不思議なものとはいえないのか。そうではないとしたら、力の「原因」がさらに説明される必要はないのか、という疑問も出てきます）。

ニュートン

ニュートンの『プリンキピア』の出版は一六八七年ですが、この書物はその発表と同時にそれが当然に価するきわめて高い評判を全ヨーロッパ中でうけるとともに、右のような深刻な理論的関心をもひきおこしました。そうした関心はいうまでもなく、科学、宗教、哲学などさまざまな方面から複雑なかたちで寄せられたわけですが、哲学の領域にかぎっていえば、その代表的なリアクションは、二つの立場から加えられたものがもっとも有名です。

その一つはフランスのデカルト派からのもので、それはデカルトとニュートンにおける「運動学」対「動力学」の対立と、力の「近接作用」対「遠隔作用」の対立という、二重の焦点をめぐって争われました。もう一つは、ドイツのライプニッツによって挑まれた論争であって、この論争ははじめは微積分法の発見の先取権をめぐって争われたのですが、最後には空間・時間の存在論上の身分をどう考えるのか、それは物体の存在と独立に設定される「絶対的なもの」なのか、それとも、物体どうしの関係に付随的に設定される「相対的なもの」なのか、という大規模な問題に発展しました。

これらの論争は直接には、ニュートン自身よりも彼の理論に与する人々によって争われたのですが、それにはニュートンもいろいろと相談を受けて意見を述べたようです。『プリンキピア』は、ニュートンの死の前年に第三版が出版されますが、それは初版から数えて約四〇年後のことです。この間に、ニュートンはこれらの論争点を念頭において、自説の補強や再論を試みたわけです。

さて、これらの論争に実際にほぼ決着がつけられたとみなされるようになるのは、一八世紀もなかば以降のことです。すなわち、デカルト派との対立については、ヴォルテールやダランベールらのフランスの啓蒙思想家たちが、ニュートンに有利な評価を下します（正確にいうと、ダランベールは運動学も動力学もともに必要であるとしたのですが、その彼も『百科全書』の「序文」では、「ニュートンがついに現れて、哲学が明白に保持すべき形式をそれに与えたのである」と書いています）。一方、ライプニッツとの時空論争については、ドイツの啓蒙思想を担ったカントが、両者の立場を総合して、それに新たな解釈を与えるという解決を企てました。

このように、一八世紀の代表的な思想家たちが、それぞれの自国産の理論にかたよることなく、冷静な評価を試みているところには、この時代の知的な成熟というものがよく表れていると思います。

カントによる時空論の総合

ここで、これらの知の巨人たち（それには当然ながら、右の思想家以外にも、ロック、バークリー、ヒュームら、イギリスの哲学者たちも含まれます）が、『プリンキピア』という世紀の傑作にたいして具体的にどのような論陣をはり、そこからどのような教訓を読み取ろうとしたのか、ということを考察してみることは非常に興味深いことなのですが、残念ながら、この講義ではそうした詳しい検討を行う余裕はありません。

そこで私たちは、これらの哲学的反省の系譜の最後に位置しているカントの場合だけを、この講義と次回の講義において、見てみたいと思います。その理由は、カントがこれらの系譜の最後に位置しているという意味で、それ以前のさまざまな哲学上の反省についてよく理解していたということもありますが、同時に、この講義の第一回で申しましたように、彼は、ニュートン力学の成果を真剣に評価しようとすれば、それは宇宙の理解と同じように、われわれの世界と人間の関係にかんする理解においても一種の「コペルニクス的転回」を必要とするという、他のどの哲学者にもまして大胆な結論を導いているからであります。

まず、ニュートンとライプニッツの時空論をめぐるカントの新しい総合ということについて、その骨子を要約してみれば、次のようになります（ニュートンが「知の巨人」であることは誰もが認めるでしょうが、ライプニッツもニュートンと同じか、それ以上の天才といってもよいと思います。彼は当時としては後進国のドイツで活躍したために、デカルトやパスカル、ニュートンほどにヨーロッパ中に名声がとどろくということはありませんでしたが、その研究領域の広さと思想の革新性において、これらの大思想家たちを凌駕していました。彼の偉大さは、パースやラッセルなど、現代の哲学者たちによって初めて真剣に評価されるようになったのです）。

ニュートンはその『プリンキピア』で、「時間」「空間」「場所」「運動」の四つの概念について、それぞれその相対的なものと絶対的なものとを区別する必要を説いた上で、自然のさまざまな現象を、ただ現象として記述するのではなく、その「真の原因」にまでさかのぼって説明するということは、これらの概念を絶対的な意味で用いて物体の絶対的な運動を明らかにすることであると主張しました。この考えによれば、いかなる物体も存在しないところにも、物体とは独立に空間が存在し、時間が流れていることになります。彼はさらに、『プリンキピア』の後で出版した『光学』で、この絶対時間・絶対空間が、いわば神が世界を感覚するための「感覚器官」、あるいは「感覚中枢」である、という表現を用いました。

一方ライプニッツは、これにたいして次のように反論しました。このような考えでは神が世界を理解するために、何らかの「手段」を必要としていることになってしまう。また、このような議論では、「すべての物はその性質や変化の原因をそれ自身のうちに十分にそなえていなければならない」という、あらゆる存在者にあてはまるべき「十分な理由の原理」を破っていることになる――。彼はこれらの論拠から、絶対時空論を否定して、空間や時間はさまざまな物どうしの「併存の関係」と「継起の秩序」を表す副次的なものであり、徹底して事物に相対的なものであると主張しました。そして、彼の形而上学では、本当の意味で実在しているのは精神的な単位（彼の言葉でいうモナド）とされますので、物体とはそのモナドが世界を「映した」現象界を構成する（神によってよく秩序づけられた）諸現象にすぎず、時空はその現象界内部の経験的、相対的な秩序ということになります。

さてカントは、これら双方の議論の一部を認めつつ、それぞれにさらに一ひねりを加えることを提案します。まず、物体と空間との関係は、ライプニッツのように物とその内部性質というものに還元することはできない。というのも、たとえば左右の手袋のように、それら内部の部分どうしの関係は同一でも、けっして互いに重ねあわせることができないものが現に存在している。このことは、空間の「方向」が、物のうちにそなわっているわけではないことを示しているからです。

しかし一方、ニュートンがいうようにこの非依存的な空間が現象を超えて、物そのものと同格の、あるいはそれ以上の絶対的な実在性を要求できるわけでもない。というのも、そう考えることは、ライプニッツが皮肉ったように、空間や時間を何かよく分からないが、世界にたいする神の通路のような特別なものにしてしまわざるをえないからです。この点では、自然のうちなる諸事物を「現象」として捉えたライプニッツの方が厳密である。とはいえ、事物が現象にすぎないのは、それが精神的な実体と比較されてそういわれるのではなくて、むしろ、さまざまな事物が、空間・時間という「格子」または「網」をとおしてしか、われわれに与えられることがないからである。つまり、神であればその創造物を何らかの直接的なしかたで捉えることができるかもしれないが、われわれ人間は、その世界の知覚の形式である空間・時間を足場にして、はじめてさまざまな事物を自分の「対象」として捉えることができるのであり、その意味で、われわれの認識の対象は現象にすぎない、と考えざるをえないわけです。

このカントの議論には、先行者であるニュートンとライプニッツ双方のアイデアが非常に巧みに生かされて、総合されているのが分かると思います。しかし、ここでもっとも注意されなければならないのは、彼がその総合を、右の二人に共通する誤りを批判するというしかたで行っているという点です。その共通の誤りとは、すなわち、われわれの自然認識の根本原理の説明において、「神」という超自然的な存在者を想定するということです。カントは、神の世界認識に対比される人間の認識の特徴というものをきわだたせるために、対象の現象性というライプニッツのアイデアを生かし、同時に、その現象界の成立の形式的条件として空間・時間を設定することで、「われわれにとっての絶対的なもの」の視点を樹立したのです。

形而上学と科学的探究の峻別

ところで、私たちは前回の講義で、パスカルが神の存在証明を行うことは、「われわれのこころを打つことがない」ゆえに無意味であると述べたことを見ました。この点で、カントはパスカル以上に徹底しています。すなわち、彼は、そうした証明はわれわれ人間の判断や推論の条件に照らしてみるかぎり、原理的に不可能である、というのです。

その理由はこうです。われわれが何かについて、その性質を論証にもとづいて証明するという場合、その何かが存在しているということは、論証に先だってあらかじめ確かめられていなければならない。いいかえれば、「xが存在する」という命題は、証明の結論となることはできず、x自体は時空のある一点にすでに与えられているのでなければならない。神がそのような感覚の対象として与えられるものでないことは明白である。それにもかかわらず、多くの哲学者がその存在を「証明」しようと試みたのは、彼らの多くが「存在は性質ではない」ということを見落としていたためである――。

カントはこのように、神の存在の有無をめぐる一切の知性的な議論や論証というものを廃棄するべきである、と宣言します。これは、われわれの理論理性（実践にかかわる「実践理性」と対比される「純粋理性」）の探究を厳密に科学的探究にかぎるということ、つまり、神の存在のような形而上学的な問題は、科学の領域に関与することはありえない、ということを意味しているのです。

最後に、時空をわれわれの感覚的対象経験の形式的条件とするこの議論によれば、空間全体が無限であるか、それとも有限であるかという、パスカルらが非常に神経をとがらせた問いも、神の存在と同じように無意味な、原理的に答えのない問いにならざるをえないということが、理解できるでしょう。たとえば「空間が無限である」というとき、その主語である空間は、「xはPである」という判断のxにならなければならないはずですが、そのxはつねに時空という形式をとおして与えられる個別的な対象でなければならず、それを空間全体としたのでは、あまりにも矛盾したことをいうことになるからです（時間や空間の無限性／有限性をめぐるこの議論は、カントによって「純粋理性のアンチノミー」と名づけられていますが、ここには宇宙についてのさまざまな哲学的思索のなかでも中心となるような、きわめて刺激的な議論が含まれています。このアンチノミーについて、より詳しく理解し検討することが、本書の後半の補講のテーマです）。

いずれにしても、時空をめぐる二大思想としてのニュートンとライプニッツの立場を、より根本的な視点から調停しようとして提出されたカントの時空論は、単に時空の絶対性・相対性の問題を超えて、一切の具体的な経験を超越した知的判断を無意味とするような、人間の認識能力一般についてのきわめて厳格であると同時に整合的でもあるような一つの描像を与えることになります。

以上の彼の議論は、『純粋理性批判』に展開されたものですが、そこでいう「批判」という言葉には、あるものの能力や権利の正当性の範囲をきちんと確定するという、法律上の意味がこめられています。ニュートン力学の正当性を明確に論証し、あわせてそれに付随しがちな不当な形而上学的思弁を一掃するということ、これが『批判』の主要なテーマだったのです。

第五講　レヴォリューション——回転か革命か

世界観の転換

前回の講義で私たちは、カントの『純粋理性批判』の一番基本にある、時空をめぐる考えを概観してみたのですが、正確にいえばこの理論には、もう一つ重要な議論の柱があります。それは、時空というわれわれの対象受容の形式によって捉えられた諸対象が、どのようにして一つの命題という判断の形式にもたらされるのか、という問題です。われわれはxやyなどの対象を感覚を通じて認知するばかりではなく、さらに、たとえば「xがyの原因である」とか「xはyという性質をもつ」のような、一つの判断を行います。このことは、どのようにして可能になるのか——。

これにたいするカントの答えは、人間には「原因・結果」や「実体・属性」のような判断の形式（カテゴリー）が「先天的に」そなわっていて、それを通じてのみ一つの十全な「経験」を成立させることができる、というものです。つまり、われわれの経験の成立は、時空という感覚的受容の形式と、カテゴリーという判断の形式の二重の作用が加わって、はじめて可能になるというのです。

さて、このようなカントの理論を文字どおりにとると、私たちの自然認識はそれ自体としては客観性を主張できるものではあるが、同時にそれが私たちの認識の形式に全面的に依拠したものであるという意味では、一種の「観念性」をもったものだという

カント

ことになるはずです。いいかえれば、私たちの認識は、「物それ自体」を直接把握したものではなくて、人間の認識の条件に相対的にのみ立ち現れてくるものを捉えたものである、というわけです。

カントは自説のこのような性格をそっくり認めて、それを「超越論的観念論」と呼んでいます（「超越論的」という言葉にはいかにも難解な、哲学的な響きがありますが、ここでは、「人間と世界との認識関係を、その関係の外側から考察する立場に立ってみると」というような意味で使われています）。そして、このような人間の科学的認識の観念性を認めて、われわれの経験の対象そのものが現象にすぎないものであることを自覚することこそ、「コペルニクス的な」世界観の転換を意味するのだとい

うのです。

カントがこの世界観の転換を述べているところを、『純粋理性批判』から引用してみましょう。

われわれはこれまで、われわれの認識はすべて対象に従って規定されなければならないと考えていた。しかしわれわれがこのような対象に関して何ごとかをアプリオリに概念によって規定し、こうしてわれわれの認識を拡張しようとする試みは、かかる前提のもとではすべて潰え去ったのである。そこで今度は、対象がわれわれの認識に従って規定されなければならないというふうに想定したら、形而上学のいろいろな課題がもっとうまく解決されはしないかどうかを、ひとつ試してみたらどうだろう。形而上学では、アプリオリな認識、つまり対象がわれわれに与えられる前に対象について何ごとかを決定するような認識の可能性が要求されているが、いま述べた想定はすでにそれだけで、かかる認識の可能性ともずっとよく一致するのである。この事情は、コペルニクスの主要な思想とまったく同じことになる。コペルニクスは、すべての天体が観察者の周囲を運行すると想定すると、天体の運動の説明がなかなかうまく運ばなかったので、今度は天体を静止させ、その周囲を観察者に廻らせたらもっとうまくいきはしないかと思って、このことを試みたのである。（『純粋理性批判』上、「第二版序文」、篠田英雄訳、岩波文庫、一九六一年）

カントはこのように、彼以前の哲学の前提では、「われわれの認識はすべて対象に従わねばならない」とされてきたけれども、形而上学がもっとよく進歩して、先天的認識の本性を理解するためには、この前提を全面的に逆転して考える必要があると述べています。

「コペルニクス的転回」はなぜそう呼ばれるのか

しかしながら、このような近代科学の認識論的な基礎づけが、なぜ「コペルニクス的転回」とか、「コペルニクス革命」と呼ばれることになったのでしょうか。私の考えでは、この点を掘り下げて考えてみることが、カントの難解な哲学の魅力とともに、その両義的な性格というものを理解するための、もっとも有効な方法ではないかと思われます。そしてそれは、単にカントの哲学のみならず、近代哲学全体の基本的な性格にもかかわる重要な問題であろうと思われるのです。

まず、私たちの自然世界の認識を、物そのものの実相の把握ではなくて、われわれ人間の認識の形式に条件づけられた、「われわれにとっての客観性」の追究と捉えることが、それまでの伝統的な思考法と大きな断絶をもつものであることは明らかです。彼はそれまでの哲学の前提を逆転して、「われわれの認識が対象に従うのではなく、かえって対象の方が認識に従うと考えるべきである」ということをいっていますが、これは平たくいうと、伝統的には人間の知的探究は、神による創造行為の産物をできるだけ忠実に、神に近づくしかたで認識することが理想であるとされていたけれども、そうした神の認識の模倣を求めるのではなく、われわれ人間の認識条件に即した知識の探究を行うべきである、ということを述べていると解することができます。このような考えが、伝統的な思考法にたいする非常にきっぱりとした訣別の意志の表明であることは、十分に理解できることであろうと思われます。その意味で、カントがその哲学上の革新を、コペルニクスの革新になぞらえたことはけっして不自然ではないでしょう。

しかしながら、このコペルニクスとカントの類似性というものをもう少し細かく考えてみると、奇妙なことに気づかされます。それは、コペルニクスでは、それまでの地球中心、すなわち人間中心の考えが逆転されて、人間は宇宙のローカルな一部に位置づけられることになったのにたいして、カントの哲学では逆に、人間認識の形式の方が客観性の中心にすえられて、対象である世界の方は、この形式を条件にして成立する現象であるというふうに、従属的な位置に移しかえられているということです。これでは、カントの哲学は実際にはコペルニクスとは正反対の転換を行ったのではないか、とさえ考えられることになります。つまり、神の視点を離れて、人間の認識能力の限界ということをまず明確にしようとした方向の重要性は理解できるが、そのことがかえって、われわれの知識の「観念性」や「主観性」を導くというのであれば、それは「科学」という理念を根底からくつがえすことになるのではないか。こういう疑問が、「コペルニクス的転回」というメタファーの適切さとからめて、大きく浮かびあがってきます。

「回転」と「前進」の密接な関係

ところで、ここで改めて注目してみたいと思いますのは、「コペルニクス的転回」という表現のなかのRevolutionという言葉が、そもそも両義的な意味あいを帯びているということです。この講義の第一回で断ったように、カントは実際にはこの言葉どおりの表現を用いたのではないのですが、少なくともそれに近いことを述べています。そしてその際に、ドイツ語のRevolutionを用いたのは、明らかにコペルニクスの『天体の回転について』のラテン語の原題De Revolutionibus Orbium Coelestiumを意識するとともに、それが同時に（彼の時代の社会的気運がフランス革命へと向かう革命的潮流にあったことを思えば当然のことですが）、大変革、革命というものを意味してもいることを承知していたのであろうと思われます。

しかし、レヴォリューションという言葉が「回転」と同時に「革命」を意味するというのは、かなり厄介な事態です。少なくとも、（天体の）「回転」には運動がもとに戻ることも含まれているのにたいして、「革命」は運動が前に進むこと、それも大規模な断絶をともなって前進することを意味しているからです。

私はここで、カントがこれらの言葉を用いて自分の立場を表明しようとしたときに、意図的に用語の両義性を利用して、その立場のあいまいさをつくろったのだとは考えません。むしろ、カント自身には、「回転」と「革命」あるいは「前進」を積極的に結びつけるための根拠があったのだと考えます。しかし同時に、彼の主張する超越論的観念論の立場は、ちょうど回転と前進との相反する側面に対応するような、ある種の矛盾をまきこんでいるということも、やはり注意しておく必要があると思うのです。

カントが「回転」と「前進」の密接な関係を示唆しようとした理由は、彼の次のような考え方に求められるでしょう。すでに繰り返し申しましたように、彼の認識論によれば、われわれ人間は時空という感覚的受容の形式や、カテゴリーという判断の形式を足場にして、外界についての客観的な認識を形成しようとする。しかし、この足場とか網というものは、一種の眼鏡のようなものとして考えることはできません。なぜなら、眼鏡は、すでに前もってそこにあるものを、よく見ようとしたり、あるいは（「色眼鏡」のように）特殊なバイアスをかけて眺めようとするものですが、カントのいう認識の形式というものは、そうした既存のものにたいする接近の手段ではないからです。むしろ、彼がこれらの先天性ということを強調するのは、われわれが時空という網を「投げ入れる」ことによって、現象世界そのものがその網とともに形成され、それにたいしてカテゴリーが適用されることによって、その現象界にさまざまな意味のある事象が認められるようになる、ということをいいたいがためです。つまり、われわれが自分の能力を「働かせる」ことで、外界自体が外界として浮かびあがってくる、というところにこの理論のポイントがあり、それが、地球が動いていると考えることで、太陽系の運動が理解できるようになるという、コペルニクスの立場との本来のアナロジーを成立させるわけです。

さらに、こうした人間の認識能力の回転作用が、同時に知識の前進をもたらすというのは、感覚や判断能力を含む広い意味での「理性」というものが、その自発性のゆえに、多様な認識を次々と組織的なものにして、それを一つの「体系」へとまとめあげようとする能力をもつ、という側面に見られます。カントはこのような理性の働きを、「建築術的な能力」と呼んでいますが、たしかに、「知識」すなわちサイエンスが、単なる個別的な経験の寄せ集めではなくて、いくつかの根本的な原理を基礎にすえた体系となるためには、このような理性の建築術的な志向が働いていなければならないでしょう。そして、そうした理性の働きにもとづく、より整合的で包括的な体系化の進展をこそ、私たちは科学の進歩と呼んでいるのです。

時空やカテゴリーは固定的か

さて、このように考えると、カントのいう「レヴォリューション」が必ずしも矛盾した、あるいは混乱した立場であると考える必要はなくなるわけですが、『純粋理性批判』のなかには一方で、これと背反するような思想も含まれていて、それが、「われわれにとっての客観性」という新しい思想の危ういバランスを崩す方向に作用していることも、否定できません。それは、時空やカテゴリーの具体的なありかたを、カントが非常に固定した、不変なものと考えていて、その永遠不変性のゆえにこそ、人間の認識は客観性を確保できるのである、という議論を展開している側面です。

カントがなぜこれらを固定的なものと考えたのか、その理由を詳しく説明しようとすると、人間の知覚のメカニズムや、論理学や幾何学の根本的な原理にまでさかのぼって考えなければならなくなるのですが、ここでは彼が、ユークリッドの幾何学やアリストテレスの論理学を唯一の体系とみなしていて、科学的な知識の構成のための形式的な条件は、これらと結びついた時空形式やカテゴリー以外にはありえないと考えていた、ということだけを指摘しておきたいと思います。

ところで、その理由が何であれ、人間の認識を可能にする形式上の条件が固定した、確定的なものであるということを強調すると、われわれの知識の成果は人間の認識のそうした特殊なありかたに照らしてのみ妥当なものであり、したがって「主観的なもの」であるという性格が、どうしても前面に出てくることになります。その結果は、知識の「前進」や「革命」の可能性は後ろに退いて、ただ同じところを機械的に回転している認識能力の作用だけが浮き彫りにされることになりかねません。いわば、人間はニュートン力学という世界像を構築するように定められており、その固定的なパラダイムの枠内で、さまざまな個別的な研究にはげむべきであるということになります。こうして超越論的観念論という思想は、人間の認識の条件の制約を謙虚に認めるべきであるという主張から、この条件がひとつとおりしかありえないという独断にまで拡張されたとき、その本来の柔軟な科学観を、硬直したものに変質させてしまった面があるのではないかと思われるのです。

おそらく、カントはその「理性の自発性」の立場を徹底させようとすれば、思いきってカテゴリーや時空形式の可変性ということにかんしても、視野に入れて論じるべきではなかったかと思われます。いいかえれば、カントがわれわれのさまざまな経験を建築術的に体系化する能力により大きな信頼をおき、われわれの認識の足場というものの作り方にもさまざまな工夫がありうることを認めていれば、神の視点との対比でいわれる「観念性」とか「主観性」ということについても、何か消極的な、自己規制的な意味ではなく、より積極的な意味あいを含ませることができたのではないかと考えられるのです。

もちろん、彼の時代の思想状況を考慮にいれるならば、このような批判は、いわば過大な期待や後知恵にもとづくものであるということになるでしょう。しかし、次回以降の講義で触れることになるように、一九世紀から現代へといたる哲学と科学の展開は、事実カント哲学のこうした固定的な視点にもとづく科学観の踏襲と、それへの不満とのあいだでのせめぎあいというものを、その推進力の主要な源としてきたのだともいえると思います。

第六講　決定論の崩壊

ラプラスの魔

私たちは前回まで、ニュートン力学にたいするカントの認識論的な基礎づけというものの特徴について、多少詳しく見てきたのですが、ここで目を一九世紀の方に転じてみると、この世紀の一〇〇年のあいだに、自然科学の描き出す世界像は再び大きな変化をこうむったことが知られます。

ニュートン力学の威力は、一九世紀の前半までは、衰えるどころかますます強力なものと認められるようになりました。それは、ニュートンやライプニッツの微積分法が「解析学」として完成し、ラグランジュ、ルジャンドル、ラプラス（三人のL）によってさらに精密な数学的物理学の地位を確立することができたからです。

このようなニュートン力学の万能な力は、ラプラスのいわゆる「魔」（ダイモーン）のたとえによく表されています。ナポレオンの時代を代表するフランスの天才科学者ラプラスは、ある絶大な知性をもち合わせた者がいれば、その者は自然法則と初期条件の知識とによって、全宇宙の全時間を通じた全状態を特定できるであろう、と予想しています。

われわれは、宇宙の現在の状態はそれに先行する状態の結果であり、それ以後の状態の原因であると考えなければならない。ある知性が、与えられた時点において、自然を動かしているすべての力と自然を構成するすべての存在者の各々の状況を知っているとして、さらにこれらの与えられた情報を分析する能力をもっているとしたならば、この知性は同一の方程式のもとに宇宙のうちなるもっとも大きな物体の運動も、もっとも軽い原子の運動をも包摂せしめるであろう。この知性にとっては、不確実なものは何一つないであろうし、その目には未来も過去と同様に現前することであろう。

（ラプラス『確率の哲学的試論』、内井惣七訳、岩波文庫、一九九七年）

「この知性にとっては、不確実なものは何一つないであろうし、その目には未来も過去と同様に現前することであろう」――。ラプラスはこのように、ニュートン力学の諸法則の体系を手にした知性が発揮する絶大なパワーを謳い上げていますが、このダイモーンは、ケプラーを月へと運んだ精霊であるというよりも、むしろデカルトがコギトへと至る懐疑の途上で出会った、「きわめてずる賢い悪霊」に近いものでしょう。

しかしこのような万能の知性が、『確率の哲学的試論』という、古典的確率論の代表的著作に登場しているところには、機械論的世界像にたいする絶大な信頼の一方で、人間の有限な能力にたいする意識もまたさらに先鋭化していることが窺われます。ラプラスにとっても、人間が宇宙の全初期条件を枚挙することはかなわぬ夢であり、そこから確率論を応用して、自然現象にたいする漸進的な分析の進歩を目指すことの重要性が説かれるのです。

「偶然」の時代

そして、この著作から数十年後の、一九世紀末になると、多くの思想家が「偶然」や「非決定性」をさまざまな角度から論じている姿が見うけられます。この時代の哲学者、文学者などで、偶然について思索した哲学史上もっとも重要な思想家としては、ニーチェとパースの名前が挙げられます。

たとえば、ニーチェはツァラトゥストラの口を借りて、「私は「すべての事物のうえには、偶然という空、無邪気という空、無計画という空、放恣という空がかかっている」、と教えるが、これは一つの祝福であって、けっして冒瀆ではない。「無計画に」――これは世界でもっとも由緒の正しい貴族性なのである。私はこれをすべての事物に取り戻してやったのだ」、と述べています（『ツァラトゥストラかく語りき』、第三部四節「日の出まえに」）。

また、アメリカの哲学者パースは、当時としてはもっとも進んだ数学的・論理学的観点から独自の「宇宙生成論哲学」を構想し、この進化論的宇宙論のもとで、世界には基礎的要素としての「偶然」があまねく作用していると述べています。

われわれは現代の数学の基本的概念や原理を見ることによって、この世紀がわれわれにもたらしてくれた知識の程度を表現することができるような形而上学というものの、材料を知ることができる。それは最古と最近のいくつかの思弁と同じように、一つの「宇宙生成論哲学」となるであろう。無限に遥かな太初の時代には、混沌とした非人格的な感情があり、そこでは連結もなければ規則性もなかったゆえに、現実存在というものもなかったと考えられる。この感情は、純粋な気紛れのなかで遊び戯れているうちに、一般化の傾向というものの胚珠を宿し、それには成長する力が備わっていたのであろう。こうして、習慣化する傾向というものが始まり、そこから、他の進化の原理とともに宇宙のあらゆる規則性が進化することになったのであろう。とはいえ、いついかなるときにも、純粋な偶然というものは残存し、それは世界が絶対に完全で、合理的で、対称的な体系になるまで存続することであろう。

（チャールズ・S・パース『偶然・愛・論理』、浅輪幸夫訳、三一書房、一九八二年）

パースやニーチェは時代に先駆けた非常に特異な思想家ですが、しかし、彼らはまったく例外的な思想家であったというわけではありません。彼らと同じような絶対的偶然の考えは、私たちがこの講義の第一回で言及した、マラルメの形而上学的・宇宙論的な散文詩『サイコロの一振り』にも見られます。彼はパースらとほぼ同時期に、「サイコロの一振りは、偶然を消滅させることはできないであろう」と書いたのです。

「決定論」という概念

したがって、この一九世紀の数十年のあいだに自然世界についての「決定論」(determinism) は、その興隆と崩壊とをあわただしく経験したということになります。この交代劇は実際にかなり劇的なものであったようです。というのも、右に挙げたラプラスの絶大な「知性」を初めて「ダイモーン」と呼んだのは、ドイツの生理学者デュ・ボア・レーモンの「自然認識の限界について」という講演なのですが、この講演は一八七二年に行われたものです。ニーチェやパースの偶然論の主張はその十数年後ぐらいのものですから、いわば、ラプラス的な決定論的世界像の浸透の認識が、同時にそれへの反発を生み出して、それを崩壊へと導いたとさえ感じられます（デュ・ボア・レーモンの講演の邦訳は、『自然認識の限界について・宇宙の七つの謎』という題で、昭和の初期に岩波文庫の一冊として出版されています〈坂田徳男訳、一九二八年〉。ついでに申しますと、この講演には、脳の複製に精神を吹き込んでモナドを造ろうとする「ライプニッツの魔」まで登場します）。

「決定論」という思想の周辺には、さらに逆説的な性格がつきまとっています。西洋近代哲学史全般についての二〇世紀を代表する研究者であり、『シンボル形式の哲学』でも知られるエルンスト・カッシーラーは、その『現代物理学における決定論と非決定論』（一九三六年）のなかで、ラプラスの時代には万能の知性は単なるメタファーにすぎなかった、それが単なるメタファー以上の「普遍的な認識論的原理」にまで格上げされ、その普遍性が認められるとともに、有意味な概念となるのは、このデュ・ボア・レーモンの講演以降のことであった、と述べています。つまり、簡単にいえば、そもそも決定論という概念自体あるいは言葉自体が、この時代以前には存在しなかったというのです。

私たちはふつう、決定論的世界観という言葉で、何よりもデカルトやニュートンの機械論的世界像を思い浮かべがちです。しかし、決定論という言葉そのものが彼らの時代には存在しなかった、しかも、その登場は決定論へのさまざまな批判がふきだすのとほぼ同時であったということになると、どういうことになるのでしょうか。この問題を考えるといろいろな興味がわいてくるのですが、ここではとりあえず三つの事柄に注意しておきたいと思います。

一、決定論に相当するような言葉は、一七世紀にも一八世紀にもあったのであるが、それに相当する「宿命論」とか「必然論」、あるいは「先決定性」(predetermination) という言葉は、すべて神による摂理を念頭においたもので、またその決定される対象は自然現象ではなくて、むしろ人間の個々の意志的行為や死後の運命にかんするものであった。いいかえれば、決定性が問われるのは、神の精神と人間の精神との緊張関係においてであった。

二、それゆえ、物理的な意味での決定論が前面に現れるためには、神が退場し、それにかわって人間の知性への絶大な信頼が認められる必要があった。しかしそれも、一種の理想をメタファーとして表現したものにすぎず、そのために神にかわるダイモーンの登場を見たのである。

三、そしてこのメタファーが単なるメタファーにとどまらず、一つの根本概念として宣言され、それに明確な名称が与えられたときには、この思想をより積極的に推進しようとする動きと、それに疑問を呈するような問題意識とがせめぎあっていたのである。これは、哲学的な概念が、科学的な知識の発展の「後」から、しかもその内在的な困難の露呈のさなかに誕生するという、歴史上しばしば見られる事態の一つの典型的なケースといえよう——。

決定論の興隆と崩壊

さて、それでは具体的には、決定論はどのようにしてその興隆と崩壊とをほぼ同時に迎えるという、奇妙なドラマを演じたのでしょうか。このことを正確に理解することは、かなり難しいことです。なぜなら、「決定論」という認識論的原理が正面から厳密に定式化されたことなど一度もなくて、それはただ漠然とした思考上の要請として前提されていたのにすぎなかったからです。現在、世界の多くの科学史の専門家たちが、このテーマをめぐって熱心な研究を行っていますが（たとえば、ローレンツ・

クリューガー他編『確率革命——社会認識と確率』〈近昭夫他訳、梓出版社、一九九一年〉、イアン・ハッキング『偶然を飼いならす——統計学と第二次科学革命』〈石原英樹・重田園江訳、木鐸社、一九九九年〉などがその代表例です)、この分野については、コイレの『閉じた世界から無限宇宙へ』のような定評ある名著はいまだ現れていないようです。

ここではごく簡単に、このドラマの一つのスケッチを試みることにしましょう。まず、最初に述べた、ニュートン力学の威力の拡大ということがあります。ラグランジュやラプラスによって確立された、微分方程式の展開による物体の正確な運動の予測という方法は、さまざまな分野で応用されたわけですが、それが太陽系の惑星の運行に適用されると、かえっていくつかの観測データとの微妙な食い違いを浮き彫りにして、そこから既知の六つの惑星の外にある別の惑星の存在を予知させる、という結果をもたらしました。海王星や天王星の発見はこのような力学上の予測にもとづいて可能になったのですが、このことは、既知の宇宙像にたいする大きな揺さぶりを意味していたと思われます。

そのうえに、一九世紀のなかばに発達した、熱、磁気、電気、化学変化についての諸科学が、力学を中心とした自然科学のありかたを一変させ、「質量」にかわる「エネルギー」という新しい基礎概念を登場させました。この概念によっても、「エネルギー恒存の法則」に見られるように、決定論的了解はさらに強化されたわけですが、一方で熱力学の第二法則、つまり、エントロピー増大の法則が唱えられると、「宇宙の熱的死」という考えが現れてきます。これは、ニュートン力学が暗黙に前提している、自然現象の「可逆性」というものを廃棄することを意味しています。こうして、ニュートン力学的方法の成功と拡張とは、それを宇宙論的に捉えるかぎり、かえって空間的にも時間的にも、不安定な要素をもたらすという様相を帯びてくるわけです。

一方、ラプラスが「宇宙のうちなるもっとも大きな物体の運動も、もっとも軽い原子の運動をも包摂」できるであろうと豪語した「同一の方程式」は、実際にはミクロのレベルでは適用できないことが、熱現象を多数の分子の運動エネルギーによって説明しようとするような、気体の分子運動論において次第にはっきりしてきました。このことはとくに、マクスウェルの『熱理論』（一八七一年）に代表的に見られるものですが、彼はそこで、複数の分子の運動速度の平均値が統計的に標準的な分布を形成し、それによって非常に多数の分子からなる系全体の物理的作用を特定できる、という議論を展開しています。これは一つの運動系に厳密に妥当するような意味での決定論ではなく、「統計的決定論」という、より緩やかな決定論を認めるということです。

ここで興味深いのは、マクスウェルのこのような統計的思考法が、ラプラスからラグランジュ、ハーシェルへと至る、自然現象にかんする「観察の誤差」の測定という、確率論・統計学の成果に多くを負っているとともに、一方では、（コンドルセやケトレらの）社会統計学の努力にもその理論的源泉の一つをもっていたという事実です。

社会統計学は、人口、職業、結婚、死、犯罪など、社会のさまざまな側面についてデータを集め、その現状の「正常・ノーマル」と「病理・アブノーマル」を診断しようというものですが、そこでいう「ノーマル」こそ、統計学でいう「標準分布」に他なりません。そもそも、スタティスティクス（統計）という言葉自体が、ステート（国家）の力の計量という意味をもっていたのです。その意味では、力学が分子のレベルまでその範囲を拡げたとき、自然のなかに人間社会を重ね合わせる視点が、暗黙のうちに取り込まれていたとも考えられるわけです。

統計的決定論という一種の理論的アマルガムが、自然現象と社会現象との重ね合わせでもあったというこの事実は、一九世紀末に社会学の発展に多大な貢献をしたデュルケームの理論などに典型的に示されています。デュルケームはその主著である『自殺論』でこう書いています。「〔社会統計学が示す人々の〕集合的な傾向は、性質こそ違え、宇宙のなかの諸力とおなじく実在的な力である。それは異なった経路をとおってではあるが、同じように個人にたいして外から作用する。集合的な傾向の力が宇宙の力に劣らない実在性をもつことは、それらが等しく、その結果において恒常性をもっていることによって、証明される」。

社会全体が個人に及ぼし、自殺などを恒常的に生み出す力は、宇宙を支配する物理法則にも等しい――。ここには、統計的決定論として執拗に生きのびた「ラプラスの魔」の、奇妙に転倒した姿が見られます。

非決定論の方へ

さて、おそらく、ニーチェやマラルメのような哲学的文学者たちを直接いらだたせ、反発へとかきたてたものは、分子運動論や熱力学であるよりも、こうした精神科学における奇妙な決定論的思考法であったのでしょう。彼らにとっては、ディオニュソス的非理性への自由や、宇宙創造にも似た芸術創造の自由が、デュルケームのいう「恒常性」によっても埋もれさせることのできない、個人個人の絶対的な自由を「証明」する事実であったと思われます（そもそも、人間の自由の問題は神の摂理や、その可知・不可知の問題との関係のもとでこそ、厳しい難問を突きつけ、哲学的挑戦のテーマたりえたのです。それを、万能の知性をもった社会統計学が「科学的に説明」するというのは、彼らにとってははなはだしい本末転倒ということになります。この点で、彼らはパスカルやカントの哲学的教訓を、独自なしかたで生かしているとも考えられるわけです）。

しかし同時に、彼らは詩人特有の直感力によって、ただ単に人間の精神活動にたいする決定論的思考法の限界を認めたばかりではなく、ある意味では、より根本的な科学一般の危機——すなわち、理性の回転が前進をもたらさず、かえって空洞化し、それが同時に革命を不可避にするというメカニズム——についても鋭い認識をもっていたのだともいえます。というのも、マクスウェルらの「二重真理説」ともいうべき分子にかんする統計力学は、その理論的発展を通じて結局のところ最後には、さらに深刻な非決定論的な立場へと移行しなければならなかったからです。すなわち、エネルギーを基礎概念とする熱力学は、ボルツマンのアトミスティーク（原子論）に由来する実在論的粒子論と合流した結果、古典的運動変化の「非連続性」という新しい事実に突きあたらざるをえなくなったのです。それを、黒体（すべての入射電磁波を吸収する物体）の熱輻射現象というものについて最初に発見し、ミクロな世界に見られる「エネルギー量子」という考え方の必要を唱えたのは、ドイツのマックス・プランクの論文「標準分光におけるエネルギー分配の法則理論にむけて」です。それが講演として発表されたのは、ちょうど一九〇〇年末のことでした。

第七講　ビッグバンの方へ

「人類の偉大な一歩」

今から五〇年以上前の一九六九年、アポロ11号の月面着陸によって、「人類の偉大な一歩」が初めて月の表面に記されました。ケプラーの『夢』の出版から数えて実に三三五年後、人類はダイモーンならぬみずからの知識と技術によって、月の世界に到達し、そこから地球を眺めることができたのです。私たちは今や、パスカルの抱いた「無限空間への恐怖」や、ケプラーの「天上の和声学」とはかなり異なった次元の感性のもとで、宇宙に接するありかたを学びつつあります。シェーンベルクの十二音音楽、ホルストの管弦楽組曲『惑星』、そして、「地球は青かった」、あるいは『宇宙からの帰還』、あるいは『2001年宇宙の旅』——。ケプラーやガリレイが目指した「コスモロジーの自立」がついに本当に実現したとき、私たちが味わった感興は、彼らが予想もしなかったほど複雑で、新鮮なものでした。

しかし、三〇〇年におよぶ長い一つの「サイエンス」フィクションの終わりは、また新しい「サイエンス」フィクションの始まりの時でもあります。アポロ11号の月面着陸に先立つこと二〇年、一九五〇年前後には、私たちはすでに「ビッグバン宇宙論」という別の新しい一大物語を編み出していて、それ以来、このフィクションをいかにしてノンフィクションへと転換するかという努力を積み重ねて、今日にいたっています。

改めて指摘するまでもなく、この物語はケプラーの月旅行が物語であったのとは、およその趣を異にしています。なによりも、ケプラーにとっては「母なる無知からの独立」というのがその根本モチーフであったのにたいして、この物語は近代科学からの脱皮をなしとげた現代科学の知見を土台にして、思いきりその理論的帰結の幅を拡げてみようという、純粋に科学的な推測の作業であるからです。

とはいえ、これらの物語には共通点もあります。というのも、ちょうどケプラーの物語が月から見られたわれわれの姿を描こうとしたように、ビッグバン宇宙論は宇宙の始まりから私たちの世界の生成までを説明しようとしているからです。それらは空間的と時間的という相違はあっても、いずれも私たちの世界をより広い、私たち自身とは異質のものも含んだパースペクティヴから捉えてみようとする点では、同じ知的作業であるとも考えられるでしょう。

そして、このわれわれにとっての新たな「コスモロジーの自立」が、無知からの独立ではなく、むしろ近代科学からの脱皮にもとづくにしても、そこにはケプラーが指摘したような感情的な混乱や困難と、ある意味では類比的な、知的な混乱や困難がからんだものがあることも明らかであろうと思われます。

ビッグバン宇宙論の誕生

ビッグバン宇宙論が二〇世紀の五〇年前後にジョージ・ガモフらによってはじめて唱えられたとき、その理論の根拠となった基本的な考えは、宇宙の始まりのきわめて早い時期には、宇宙全体が高温高密度で、原子核どうしが激しくぶつかりあい、陽子や中性子などがばらばらになっていたであろう、というものです。このような考えが具体的に描かれるためには、物質を構成する究極的な粒子についての理論が基本的に完成していなければならなかったわけですが、それは、プランクに始まる二〇世紀の量子力学あるいは素粒子論の発展によって可能になりました。一方、このような宇宙の進化的理解が可能になるためには、そもそも宇宙には始まりも終わりもないのではないか、というそれまでの暗黙の大前提（いわゆる「定常宇宙論」）が否定されなければならなかったわけですが、この点については、一般相対性理論によって、宇宙空間の膨張率ということが有意味に問われるようになり、さらにはハッブルの星雲間の距離の拡大にかんする仮説が観測によって検証された結果、宇宙が空間的に拡がりをもたなかった時点が、すなわち宇宙の始まりである、という明確な議論がなされるようになったのです。

このように、この物語の成立には、宇宙観測技術の飛躍的進歩と、相対性理論と量子論という二つの根本的物理理論とが総合的に関与しているのですが、とくに後者の二つの科学理論については、二〇世紀前半においてすさまじいまでの知的努力の傾注と絶え間のない理論的格闘とが繰りひろげられたことは、ここで改めて強調するまでもないことであると思われます。

相対性理論については、ニュートン以来の空間・時間概念と電磁気現象、ことに光の伝播という現象とをどのように結びつけるのかという問題から始まって（特殊相対性理論）、そこで考案された「時空」という一体化された世界と重力との結びつきにまで議論が深化して（一般相対性理論）、曲率をもった時空そのものが発展変化するというところまで、われわれの世界像は進展しました。

そして一方の量子論においては、電子の理論を出発点にして、原子の構造から、さらに原子核内部の構成要素の特定へと、ミクロの世界の力学的探究が深められると同時に、その分析の道具立てとして、「量子的飛躍」という理論草創期の驚くべき概念が生まれたばかりでなく、さらにそれに追いうちをかけるようにして、「不確定性定理」「相補性」あるいは「観測における波動の収束」、ひいては「場の量子論」や「反粒子」など、これまでの自然哲学の基本的カテゴリーからは到底思いもつかない、きわめてアクロバティックな概念や原理が、矢つぎばやに導入されることになりました。

しかも、これら二つの根本理論のあいだには、誕生から一〇〇年以上たった現在でもいまだに十分な理論的統合がなされていない、という非常に厄介な問題がありま す。この問題は、二〇世紀の前半には、たとえばアインシュタインによる量子論の確率的性格にたいする疑念というかたちであからさまに表明されたわけですが、それがアインシュタイン自身の一定の了解を得た後に相当の年月をへた現代においても、自然世界を構成する四つの基本的力の作用をどう統一的に分析するか、という究極的な問題や、ビッグバン以前の本当の意味での宇宙の始まりについて、これらの二つの理論をどのように結びつけて利用するべきなのかという問題など、さまざまにかたちを変えて今日にまでもちこされています。ビッグバン宇宙論がいまだ一つのフィクションであると思われるというのは、その十全な完成の前にこうした数多くの難問が執拗に立ちはだかっているということに他なりません。

哲学に役割は残されているか

さて、私たちは現在、このように非常にエキサイティングであると同時に、ある意味ではかなり混沌とした科学の時代に生きています。しかも、これらの難問のすべてに高度に専門的な知識の理解が前提されています。こうした現状のなかで、これからの哲学的な反省や思索というものの役割はどうなるのでしょうか。哲学の営みには、これからも積極的に理論的な寄与を行う余地が残されていると考えることができるでしょうか。あるいは、この新しいコスモロジーの自立の時代にあっては、むしろさまざまな概念的困難の解決はすべて科学内部の問題へと移行したのであって、従来の哲学的反省はその役割を終えたのだと認めるべきなのでしょうか。

こうした疑問は現代に生きるわれわれにとって、ごく自然に思い浮かぶ疑問であろうと思われます。そうした疑問をもつことなく、従来の哲学の伝統のなかだけに留まって、世界と人間とをめぐる謎の答えを探しもとめようとすることは、もはや不可能になっていると思われます。しかしながら同時に、この講義の一回目に申しましたように、私たちはこうした問題に性急な答えを求めるべきではない、ということも明らかだろうと思われます。

今日の新しい自然観は、いまだにさまざまな技術的難問とともに、非常に多くの概念的な混乱を内包していて、それらを一つ一つ丹念に解決していく作業のうちでしか、私たちにとっての真に明確な世界像も、それにたいする哲学的な反省の意義というものも、確かめることはできないはずです。前回までの六回にわたる講義で考察してきた哲学上のさまざまな理論が、けっして一朝一夕で構成されたものではなく、ねばり強い相互批判の過程を通じて練り上げられたものであることは、やはり現在でも留意するべきことであろうと思われます。

この講義がカヴァーしている自然哲学の問題領域は宇宙論的なパースペクティヴのものに限られたもので、生命や意識など、さらに奥深い自然の哲学についてはまったく触れられていませんが、宇宙論という限定されたテーマについてだけ見ても、ちょうどデカルトやニュートンの時代と同じように、現代においても自然科学者と哲学者を交えた熱気に満ちた議論が、さまざまな雑誌やインターネット上のサイトなどで非常に活発になされていますから、読者の皆さんもこれらの議論にともに取り組んで、新しい時代の哲学的思索の作業に積極的に参加していっていただきたいと思います。

ここでは、この講義も終わりに近づきましたので、そのような作業への取り組みの

ための ささやかな一歩として、最後に一言、カントに代表される近代哲学が、その積極面と否定的側面とを含めて、現代においてはどのようなかたちに変身しつつ生かされていると考えることができるのか、という点についてだけ、簡単な説明を試みて、これまでの七回の講義のとりあえずの締めくくりとしたいと考えます。

カント哲学の積極面と消極面

もう一度、私たちが前回まで考察してきた近代哲学の歩みを振りかえって、その粗筋を要約してみますと、それはだいたい次のようなことになります――。

近代の自然科学的探究は、単に太陽系その他の天体の運動にかんする、よりよい説明原理を求めたというばかりではなく、そうした説明の可能性の根拠や限界についての鋭い問題意識というものをともなっていた。こうした問題意識は、当初は宇宙の創造者と目されていた神の計画をいかにしてわれわれが明らかにするか、あるいはそうした計画を自然のうちに見出すことができないとしたら、われわれはいかに生きるべきなのか、というかたちで問われていた。しかし、実際にニュートン力学が完成してみると、問題なのは神と世界との関係ではなくて、むしろ世界と人間の認識能力との関係であるということが、たとえば空間・時間の存在論上の位置などをめぐって明らかになった。

カントの哲学は、このような問題意識の系譜の最後にあって、人間の世界認識がわれわれの思考の形式に全面的に依拠しているがゆえに、われわれの認識は「観念的なもの」であることを認めると同時に、神の存在の如何《いかん》や、宇宙全体の有限・無限の区別は原理的に論証不可能であるという帰結を承認した。そのために彼が用いた議論は、人間の対象受容の能力や因果的な判断の能力の形式的基盤（時空という直観形式とさまざまなカテゴリー）を、ユークリッドの幾何学やアリストテレスの論理学の絶対性に結びつけて理解する、というものであった――。

さて、このような近代哲学の代表としてのカント哲学の結論には、ビッグバン宇宙論の構築を目指す今日のわれわれの目からみると、明らかに誤っていたと認めざるをえない面があります。とくに、彼が、宇宙全体の空間的・時間的なスケールについての議論は必然的に矛盾（彼の言葉でいう「アンチノミー」）にまきこまれるとした点は、いまや完全に否定されているといってよいでしょう。そして、こうした誤りが、彼が根本的に疑うことのなかったわれわれの感覚形式や判断形式の、あまりにも硬直した見方にそのおもだった原因をもつことも明らかです。この点について、この講義では一九世紀における決定論的原理のことを取り上げることしかできませんでしたが、それに並行して生じた非ユークリッド幾何学の成立や、カントールの無限集合の理論、あるいはフレーゲに始まる記号論理学の体系化にもとづく数理・論理学の革命が、現代科学の構成にはたした役割を念頭におけば、さらにはっきりとカントの認識論の道具立ての限界というものを知ることができるはずです。

そしてもう一つつけくわえますと、この認識論では、感覚的知覚と知性的な判断の役割というものが、画然と分けられていたという点にも、限界があったと思われます。今日のわれわれの観察や実験のありかたを見れば、さまざまな実験的経験そのものの過程に、理論的知識を応用した対象世界の構成と測定や観察の方法が本質的に関与していることが歴然としています。この、知覚経験と理論的知識との本質的協働という可能性を見落として、対象知覚というものをすべて直接的な個人的感覚作用に限定したところには、純粋精神としての神に対比された、精神とともに身体をもつ人間の二元性という思想が、カントにおいても彼以前の他の哲学者同様に根深く残っていたという印象がぬぐえません。カントの認識論の図式では、私たちは時空という形式のもとで現れる対象を受け取り、その性質や運動について知性的に判断するということになっています。しかし、私たちの認識はこうした一方向的なものではなく、理論的知見を負荷された実験や技術のもとで、対象そのものをさまざまに追いつめてゆくダイナミックな作業であるはずです。

このように、私たちが多少とも細かく検討したカント哲学には、現在の時点から見れば非常にはっきりとした限界が認められるわけですが、それでは、宇宙の規模にかんする議論がアンチノミーとなる必要はないということから、さらに進んで、神の存在についての論証もまた全面的に有意味なものとされることになった、ということができるでしょうか。世界全体という理念がカントのいうように無意味なものではなくなったということは、同じく理念である神という存在もまた、無意味なものではなかったということになるのでしょうか。

たしかに、そう考える可能性も完全に否定されたとはいいきれません。というのも、自然全体や宇宙全体という存在の総体についての議論が始まれば、それに附随してその総体の「作者」の問題も、少なくとも言下に否定することはできなくなるはずだからです。いわば、新しい自然哲学の可能性は新しい自然神学の可能性をも示唆する奥行きをもつはずであるからです。

とはいえ、そのような自然神学がたとえ可能であるとしても（たとえば、現代の宇宙論が指し示す、自然の物理的な諸力の間の驚異的な「ファイン・チューニング」の議論によって、その原因にかんする神学的議論の余地が生まれてくるとしても）、パスカルやカントが批判したような伝統的な存在論的議論（デカルトのタイプの議論）や、単純な擬人的神概念の復活については、多くの人々がカントの批判を踏襲することに価値を認めるであろうと思われます。そして、カントの理論があくまでも一つの方向を示したにすぎない「形而上学の批判」というプロジェクトにかんして、その妥当な側面と容認しがたい側面の区別ということを、もう一度ねばりづよく考え直してみる必要がある、と判断するであろうと思われます。

批判と構築

したがって、私たちは一方では、われわれの思考の形式、あるいはカテゴリーの可能性ということについて、これまで以上に柔軟で、経験的な事実と整合性を保つことのできる数学的・概念的モデルを追究すると同時に、他方では、伝統的な形而上学によって容認されてきた素朴な神の存在証明のような、論理的誤謬にもとづく幻想の混在にたいしては、やはり厳しい批判的吟味という姿勢をとらざるをえない、ということになります。すなわち、われわれの経験が単なる感覚的知覚ではなく、理論的知識との総合的な「働き」であり、思考の形式の全面的な「投げ入れ」であるとすれば、そうした働きのなかで使われる根本的な概念どうしの整理ということと並んで、思考の「形式」そのものの論理的な矛盾の可能性についての、絶え間のない厳しい点検ということが、どこまでいっても別に要求されるということになります。いわば、感覚的知覚と知性的思考という伝統的な二元性をずらして、「理論に媒介された経験」と形式的論理との二元性という新たな観点から、われわれの知識の可能性を批判と構築の両面から考察する道をとらざるをえないということです。

私の考えでは、ここに、「無知」からの離脱を目指したケプラーやデカルトの出発点と、近代科学を土台として、そこからの脱皮と飛躍とを目指すこれからの私たちの立場の相違というものがあると思われます。そして、今日の偉大な哲学的成果の多くが、ラッセルやホワイトヘッド、パースやゲーデル、あるいはタルスキといった人々に見られる、記号的体系の創出や論理的パラドックスの発見という、もっとも強靱な精神のはたらきと結びつけられているところに、近代哲学の意義を十分に踏まえて追究されている、現代哲学の進歩の実態というものを確かめることができると思われます。

私たちは今や、全知の神やダイモーンの威光にストレートに頼ることなく、みずからの力で宇宙のビッグバン時代や、さらにそれ以前に想定される「ゼロ時間」、あるいは「虚数時間」の方へと向かっています。そしてこの探究のさなかで、新たな宇宙的感性を培い、「宇宙船地球号」の運命を捉えなおそうとしています。しかしその過程にはつねにまた、これまでの長い批判的思索の歴史を通じて乗り越えてきたはずの数々の幻想へと、知らず知らずのうちに舞い戻ってしまう危険が——たとえば、「万能な思考機械」への盲信などというかたちで——つきまとっていることにも、注意を怠ることはできないでしょう。おそらく、そうした根深い夢想への誘惑に抗して、厳しい批判と積極的理論構想という二重の思想的課題に、どこまで厳しく挑戦してゆくことができるかということが、これからの私たちの哲学的な探究の価値を決めることになるのだと思います。

補講　宇宙の時間、有限か無限か

補講一　有限説と無限説

カントの「誤り」を超えて

さて、これまでの講義をお聴きになった皆さんが、一番興味をもたれた問題は何だったでしょうか。

七回の講義のなかでは、ケプラーのSF的宇宙探索物語やパスカルの無限空間への恐怖、あるいはラプラスのダイモーンの話など、いろいろなテーマが語られました。また、感覚と知性、現象と原因、偶然と必然など、さまざまな認識論や存在論のトピックについても触れられました。これらは「自然哲学」という主題について論じるときに必ず話題にされるテーマやトピックですから、それぞれについてさらに掘り下げて考えようとすると、どの主題についてもいろいろと手ごたえのある考察をすることができますし、そうした考察を重ねることが自ずから意義のある哲学研究にまで進んでいくような、奥行きのある問題であると思います。

読者の皆さんが、もしもこうしたテーマやトピックについてさらに理解し、もっと深く考えようというのであれば、まずそれぞれの思想家やトピック、概念などについて多少とも知識を増やす必要があります。しかし幸いなことにこれらの著名な思想家や理論的背景については、多くの啓蒙書や研究書がありますし、何よりもインターネットを通じて多くの情報を容易に得ることができるのですから、まずそこから出発するというかたちで始めて、興味のおもむくままに勉強を前に進めていくのがよいと思います。インターネット上の検索のツールは、さまざまなリンクを通して哲学の事典や文献案内にもつながっていますから、誰でも容易に哲学探究の旅に出かけることができるはずです。

ここでは、こうしたさらなる探究の「見本」のようなものを提供するために、これまでの講義の補講というかたちをとって、ただ一つのテーマだけを取り上げて、もう少しつっこんだかたちで探究を続けたいと思います。この補講によって、本文の説明が簡単で表面的であったところを肉付けするとともに、そこで問題にしていた問題意識の中心的なところを、さらに深追いし、問題の急所に迫ってみようというわけです。

その問題意識の中心というのは、「近代哲学と現代の科学の関係」という、講義の一回目に問題にしたこととかかわります。私はそこで、「もしも現代のわれわれの科学的知識が西洋近代のそれと大きく異なっているのであれば、その知識を基礎におき、その知識を掘り下げるために追究された過去の哲学を、現代の時点で考察することに何の意味があるのか」、という疑問を提起しました。そして、一回目の最後のところで次のように述べました。

「近代の自然科学は、現代に生きるわれわれとは異なったパースペクティヴからではあるが、現代のわれわれと同じように人間の知識の自立ということを主題とし、その可能性を説明するとともに、その意義についても反省を加えようとしていた。……しかし、そこで展開された哲学的な反省には、いくつかの重大な制約も含まれていた。したがって、その哲学的反省の実質を概観するとともに、その制約の露呈を見極めることが、現代の私たちのコスモロジカルな反省と思弁的努力にとっても、有効な視座を与えてくれるのではないか――」。

私はこのように、近代哲学において展開された理論には、「いくつかの重大な制約も含まれていた」としたうえで、その制約を理解することから、現代の科学にたいする哲学的反省の方向というものが摑めるのではないか、と述べました。そして、講義の本文では近代哲学の集大成としてのカントの哲学を例にとって、それが含んでいる「制約」をいくつかの側面から具体的に指摘しようとしました。

たとえば、五回目の「レヴォリューション――回転か革命か」では、カントが人間の認識のカテゴリーや時空の形式を固定的に考えたのは、後から考えると消極的にすぎた、ということをいいました。また、六回目の「決定論の崩壊」というところでは、人間の認識の形式にかんするこうした固定した考えが崩壊して、確率や統計を利用したより柔軟な認識方法の採用が、現代科学への途を切りひらいたのだ、と述べました。そして七回目の「ビッグバンの方へ」では、「近代哲学の代表としてのカント哲学の結論には、ビッグバン宇宙論の構築を目指す今日のわれわれの目からみると、明らかに誤っていたと認めざるをえない面がある」、ともう一度繰り返したうえで、現代の宇宙論によって彼のアンチノミーの議論は――少なくともカントが主張した言葉どおりの内容としては――いまや完全に否定されている、ともいいました。

この補講では、講義の最後に指摘したこのカントの「誤り」、つまりアンチノミーをめぐる議論の不十分性ということについて、これからもう少し詳しく考えてみたいと思います。その理由はいろいろありますが、何よりもまず、このアンチノミーの問題というのは、宇宙のこれまでの歴史が有限の時間の長さからなるのか、無限の時間の長さからなるのかという非常に興味深い問題であり（正確には後で見るようにアンチノミーには他の問題も含まれていますが、その第一の問題はこれです）、典型的な哲学的難問に正面からぶつかっていく、もっとも意味のあるテーマの一つではないかと思われるからです。宇宙の時間の長さを議論するこの問題は、「宇宙を哲学する」この講義のテーマとしてもっともふさわしい問題の一つであろうと思われます。

さらに、そもそもカントの議論はどのようなもので、それがどう間違っていたのか、どうして近代の哲学の議論と現代の宇宙論とはすれちがうことになってしまったのか、ということについて、講義の本文では決定論と確率の問題に焦点を当てたために、まだ論じ残している点がいくつかあって、その主要な問題がこのアンチノミーの問題であるからです。講義では一九世紀における「決定論の崩壊」がいかにして現代科学と哲学への途を用意したかを見ましたが、この補講では、同じ一九世紀に生じたもう一つの思想上の革命（数学や論理学の革命）に通じている、宇宙時間の有限性・無限性の問題についてタックルしたいと思います。

ところで、私たちは全七回の講義を通じて、近代科学の発達と表裏一体の関係にあった近代哲学の歴史を早足で見てきたのですが、宇宙の歴史の有限・無限というこの問題を論じるためには、さらに視野を大幅に拡大して、古代の思想から出発して現代にまで近づくという、一段と大掛かりなスケールでこの問題の歩みをスケッチする必要があります。というのも、この主題は人類の歴史とともに古く、現代でもなお謎めいた問いとして私たちを魅了している、いわば最大級の問いの一つであるからです。そこでこの補講では、始めの方で古代の哲学者の理論についても少しだけ触れることにして、それからカントの時代の近代、そして現代へと進んでいくことにします。

宇宙の歴史は無限か有限か

宇宙を貫く時間の流れは、無限の過去から始まって無限の未来へと続く永遠のものなのか。それとも、有限の過去のある時点から始まった、あるいは有限の未来において終結するような、有限のものなのか——。

宇宙の寿命の無限－有限をめぐるこの問いは、人間の思弁的な問いのなかでももっとも古くからある代表的なものとして、あらゆる神話、宗教、哲学において問題になった問いであるといってよいでしょう。私たちが生きているこの世界の過去を辿っていくと、世界の歴史は究極的に何らかの「始まり」に行き着いてしまうのか、それとも、そういう「始まり」は一切なくて、世界の時間はどこまでいっても過去へと続いていて、無限の長さをもっているのか。この問題は、人類の歴史とともに古く、しかも今日でも私たちの誰もが日々の生活のなかで、ふと気がつくと無意識のうちに考えてしまっているような、それこそ「永遠の問い」であるといってよいと思います。

ユダヤ－キリスト教とギリシア思想の対立？（古代～中世）

さて、思想史のなかでこの問いをめぐる対立としてすぐに思いつくのは、神による「無からの創造」を根拠に基本的に世界の永遠性を否定するユダヤ－キリスト教思想と、さまざまな円環的時間や永遠の時間説を謳うギリシア思想との対立です。世界を時間的に始まりのあるものと見るかどうかは、西洋文明の二大源泉であるギリシアとユダヤ－キリスト教思想とで、根本的な対立があるというのが、私たちの常識です。

しかし、これらの思想においても、その時間論が厳密な意味で有限説であったのか、あるいは無限説であったのかは、正確にはにわかには決定しがたい面があります。というのも、一見明確であるように思われる『旧約聖書』「創世記」の記述でも、よく読むと両義的な書きかたがしてあります。またギリシアにおいては、多くの哲学者の意見を調べてみると、原子論者、プラトン、アリストテレス、ストア派など、それぞれの立場によってかなり多様な考えが入り乱れていることが分かります。

たとえば、「創世記」には、一番始めの言葉として、「始めに神は天地を創造された。地は混沌であって、闇が深淵の面にあり、神の霊が水面を動いていた」とあります。これは世界創造を記述したもっとも有名な文章で、たしかに「神の創造」という言葉が使われています。「創造（creation）」というのは何もないところから何かを生み出すということですから、天地の創造以前には、世界はなかったということになります。しかし一方で、「地は混沌であり」とあって、創造に先立ってまったく何もないというわけではなかった、というふうにも考えられていることが分かる。このように、天地の創造は無からの創造であると同時に、何か形のないものから有形のものを作ることだともいわれていることから、後の時代のキリスト教の神学や哲学でも、世界の創造と時間の始まりはどうなっているのか、という問題が起きることになるわけです。

これにたいして、同じく古代の地中海文明を代表するもう一方のギリシア思想の方では、ギリシア神話と星座の世界との密接な関係からも分かるとおり、それこそ宇宙論について非常に多く関心が払われていますが、そうした多様な関心があったために、宇宙の時間の問題にかぎっても思想家によって非常にヴァラエティにとんだ議論がされました。

ここでは思いきって非常に単純化したいいかたをしますと、プラトンは時間というものが根本的に天体の回転運動と結びついたものであると考えたので、時間そのものを一種の円環運動として考えた。これにたいしてアリストテレスは、時間とは「運動の数」であるとして、「物の変化を計る尺度」と考えた。そして彼はそれが尺度であるので無限の線のようなもので表されると考えた。つまり、プラトンは時間の観点からいってある種の有限宇宙を考えたが、アリストテレスは無限的宇宙を考えたということになります。また、プラトンの考えでは円環的な時間が考えられたけれども、その円環によって有限な時間の経過が何度も繰り返されて、まったく同じような世界が何度でも生じるという、いわゆる「永劫回帰」ということははっきりとは認められなかった。これをはっきりと標榜したのは、ストア派とピタゴラス派だとされている。そして、プロティノスやプロクロスなどのいわゆる「新プラトン主義」に立つ思想家たちは、プラトンの思想を最大限に重視し継承したのだが、こと時間の問題にかんしては、むしろアリストテレスにしたがって、無限の直線のようなものに考えていた、とされています。

ところで、この新プラトン主義の無限時間にかんして異議を唱えて、「創世記」の時間の考えを擁護しようというところから、いわゆるキリスト教やイスラム教の哲学者の有限時間説が本格的に説かれるようになり、「無からの創造」という神学的なテーゼが強くいわれるようになりました。そして興味深いことにそれが実は、この講義で問題にする無限の時間は可能なのか、というカントの問題にも直結するような議論を生んでいたのです。

それは、ふつうの哲学史の教科書にもあまり書かれていないので、耳なれない話なのですが、六世紀のアレクサンドリアの科学者兼キリスト教思想家に、ヨハネス・フィロポノスという人がいて、世界が無限の過去をもつことは不可能であるといった、という思想史のエピソードです（彼は紀元五三〇年頃、『世界の無限性にかんしてプロクロスに反論する』という著作を書いています）。彼が新プラトン主義者の無限論に反対した理由は、「世界の過去が無限の長さをもつとすると、現在までの間に無限の瞬間が続いたということになるが、それは不可能である」というものでありました。ところが後で見るように、この理由にもとづく世界の時間の無限性の否定ということこそ、カントのアンチノミーの議論に直結する議論に他なりません。いいかえれば、哲学的宇宙論において世界の時間的無限性を否定する議論を初めて明確に提起したのは、この人だということになります（そして、私たちがユダヤ－キリスト教では「無からの創造」ということがいわれるのであるから、宇宙の時間にかんして有限説を採っているとなんとなく考えるようになった出発点には、このような議論があったのだ、ということになります）。

このフィロポノスの思想を継承した者としては、アラビアの思想家で、九世紀のアル・キンディや一一世紀のアル・ガザーリが代表的な者であるといわれています。そして、中世ヨーロッパの思想は、アラビア経由でギリシア哲学が流入してきたとき、その最盛期を迎えることになるので、結果として中世のキリスト教哲学では、このアラビア思想経由のアリストテレス－新プラトン説が採用されたり、されなかったりというう、かなり混乱した事態が生じます。つまり、中世のスコラ哲学は基本的にキリスト教の立場に立つので、原理的にいえば宇宙の時間にかんして「無からの創造」説、有限説に立つはずなのですが、一方では哲学説としてアリストテレスの説も重視しているために、すべてのキリスト教的哲学者が有限宇宙説を採用するわけではなく、かなりの混乱があるということになったのです。

たとえば、スコラ哲学最大の思想家トマス・アキナスは随所で宇宙の時間的有限説を批判して、アリストテレスの無限説を採るべきだといっている。トマスにいわせると、「世界が永遠に存在していたわけではないというのは、信仰にもとづいてのみいえることで、理性によって証明できることではない」としている。これは『神学大全』の言葉ですが、トマスには、『世界の永遠性にかんしてアリストテレスに不平をもらす者に反対する』という著作もあるほどです（このタイトルは、さきのフィロポノスの著作と似た題名で、このことを見ても、このテーマがいかに西洋哲学にとって重要なものであったのかが分かります)。

反対にもう一人の中世哲学の代表者アウグスティヌスは、その思想形成における新プラトン主義の強い影響にもかかわらず、この問題については有限説を採用しました。またトマスの時代では、ボナベントゥーラがフィロポノスに従って有限説を採っている。

このように古代ギリシアからスコラ哲学の時代までの西洋の思想をざっと見渡しただけでも、ユダヤ、ギリシア以来のヨーロッパの思想においては、宇宙の時間的有限説、無限説が入り乱れていて、はっきりとした定説はないということになります。

世界の永遠説(一七〜一八世紀)

ところがこの事情が一変したのが、一七世紀からのヨーロッパです。講義では、この一七世紀の哲学を西洋の近代哲学の出発点に位置づけたうえで、代表的な思想家としてケプラーやデカルト、パスカルらの思想について触れました。これらの思想家は、講義のところで考察したように、宇宙の問題としては主として「空間」のことを論じていて、宇宙の「時間」の問題についてはまだほとんど言及していませんでした(もちろん、パスカルも「無限の空間の永遠の沈黙」といっているのですから、当然ある種の無限説に立っていると見ることもできますが、関心の重心は空間の無限性の方にあって、時間については、「永遠」といっても、「この世の終わりまで」というキリスト教的意味合いを残しています)。

これにたいして、これらの思想家に後続する一七世紀から一八世紀にかけての思想家を見ると、フランスのガッサンディやイギリスのバロウ、ニュートンらのように、宇宙の年齢ということを論じつつはっきりと世界の永遠説を打ち出している人たちが目立ちます。

この時代の哲学者が宇宙の時間を無限と考えた基本的な理由は二つあって、一つは世界が神の創造によるとすれば、その被造物が有限であるはずがない、ということであり、もう一つは、世界が幾何学的な対象として表現できるならば、世界には限界がないはずである、ということです(読者の皆さんは、こうした議論がデカルトらが空間を無限と考えた理由とほぼ同じであることに、すぐ気がつかれることと思います)。

ガッサンディやバロウはこうした幾何学的宇宙論の代表的な思想家です。ガッサンディはそれまで無神論として嫌われていた古代ギリシアの原子論を復活させて、空虚な空間と時間のなかを浮遊する無数の原子によって世界ができていると考えました。

一方、アイザック・バロウはケンブリッジ大学の学長であった神学者、数学者で、ニュートンの一五歳くらい年上でニュートンの師でもありました。かつてケンブリッジ大学のルーカス記念数学講座という講座が、宇宙論者のホーキングの就任によって有名になりましたが、バロウはこの初代教授で、ニュートンが二代目となります。彼はニュートンやライプニッツに先立って微積分の初歩を作ったともいわれていますが、敬虔なキリスト教思想家であるにもかかわらず、「宇宙の時間は永遠であって、神の創造にも先立っている」といったといわれています。これはバロウが自然界についてはガッサンディとあまり変わらない考えをもっていたということです。

これにたいして、ニュートンははじめ有限説だったのが、物理的な理由から批判を受けて永遠説に転向したとされています。しかも彼は宇宙の時間を無限とした後にも、聖書における有限説とどう両立させたらよいのか、ひそかに苦慮していたという面もあって、その時間論については非常に込み入った科学史的研究が必要であるようです。

カントによる調停（一八〜一九世紀）

さて、カントはいうまでもなく、ニュートンの自然像の一〇〇年後に登場して、この自然像に含まれる哲学的な原理の妥当性を内側から徹底的に明らかにしようとした哲学者です。カントの時間論にかんしては、講義のなかで、彼がライプニッツとニュートンの時間論の対立を調停した、あるいは超克した思想家だというふうに紹介しました。そして、この場合の対立というのは、有限・無限の問題ではなくて、時間が絶対的なものか相対的なものか、という問題でした。

しかし実際には時間をめぐる絶対と相対、無限と有限というこの二つの問題は、カントの理論のなかで密接に結びついています。講義のなかで述べたように、カントは時間が世界のなかにある諸対象の存在や性質に依存しない絶対的なものであるとして、ニュートンの考えに同意する一方で、時間は人間の精神に依存した観念的、主観的なものだとして、ライプニッツの考えも活用しました。彼はこうした調停の結果として、時間はわれわれが世界を感覚的に捉えるときの形式であり、われわれの認識はこの形式によって構成されるかぎりで、「超越論的に観念論的なもの」であるということを結論しました。

しかし、この超越論的観念論は、時間の絶対・相対という区別を調停することから直接に導かれたというよりも、むしろ正確にいうと、「時間の有限・無限の問題はどこまでいっても解決不可能で、どちらともいえない問題であり、必ずアンチノミーに巻き込まれてしまう」という議論の方から導かれたのです。アンチノミーとは二律背反ということで、二つの主張が矛盾しあってどちらも成立しないということです。ニュートンは少なくとも表面的には絶対時間が無限であることを認めていました。ところがカントはそれが成立しないと考えました。それはなぜなのか、また、なぜそれが超越論的観念論と関係しているのか――。

これについては、次の講義でアンチノミーの議論の中身を紹介し、その妥当性について検討するときに少し触れますので、ここではとりあえず省略します。ただ、ニュートンの一〇〇年後にカントのこのアンチノミーの議論が出されて、これが哲学的に決定的な解答であるということが広く認められるようになった。つまり、宇宙の時間が無限か有限かということについては、「解答不可能」という驚くべき解答が出されてそれが正しいということになり、この問題はひとまず決着を見た、ということをここではとりあえず押さえておくことにします――。

以上が古代の考えから近代哲学までの宇宙の寿命についての思想の、入り組んだ変転ということになります。そして、カントの時代以降では、彼のこの決着を決定的なものと認めて、このテーマについては直接には論じないようにするか、あるいは漠然とニュートンの世界像を想定して、世界は無限の過去から続いて無限の未来へとつながっているのだろう、というふうに長いこと考えられてきて、それがほとんど哲学の定説であったのです。

宇宙の起源の特定（二〇世紀）

ところが、ある意味ではかなり厄介なことに、カントによって決定的な決着がもたらされたと二〇〇年近くにわたって信じられてきたこの問題が、二〇世紀の物理的宇宙論の発展によって突然もう一度、非常に大きな変化をこうむることになりました。それはいうまでもなく、ビッグバン（火の玉）宇宙開闢説の展開によって、宇宙の起源が約一四〇億年前の出来事として特定され、少なくとも宇宙はその過去にかんしては有限であるということが明らかにされたということです。火の玉宇宙論は二〇世紀の半ばからガモフらによって提唱されてきましたが、それ以前に経験的に確立されていた宇宙の膨張説や、その後に検証された宇宙背景輻射の観測によって、現在ではほとんど疑うことのない事実であるとされています。

しかし、宇宙が始まりをもつとすれば、カントのいうようなアンチノミーはもちろん成立しないということになる。アンチノミーによれば、宇宙の歴史は無限でもなければ有限でもないはずです。ところが、こうした曖昧なことはもはやなくなってしまった。これがつまり、カントの立場が「誤り」であったということで、そこから近代哲学を学ぶことの意義が改めて鋭く問われることになるだろう、というこの補講の最初の問題意識が出てくるわけです。

宇宙についての哲学的反省はどこへ向かうべきか

さて、ビッグバン宇宙論の確立というこの決定的な事実によって、少なくともカントが提出した純粋にアプリオリな哲学的議論による宇宙の時間をめぐる問題の解決は、そのままのかたちでは退けられることになりました。しかし、それならば、宇宙の寿命をめぐるこの問いは、現在ではすでに完全に解決済みの、きちんと定説となった答えをもつ問題になったのだろうか。これはもはや御用済みの問題として、まったく顧みる必要のないテーマなのでしょうか。

そういうふうに聞かれれば、多くの人は「たしかに一見そう思えるが、よく考えてみると必ずしもそうとはいいきれないような気もする」、と答えるのではないでしょうか。というのも、たとえビッグバンによる「この宇宙の」誕生が特定の過去の時点の出来事として認められるとしても、私たちには依然として、この宇宙以前にも宇宙の誕生と消滅の連鎖が永遠に続いていて、宇宙全体の時間は結局無限なのではないのか、とか、宇宙の誕生「以前」という概念は意味があるのかどうか、といった、哲学的な問いを立てたくなる気持ちが残っているような感じがします。しかも、こうした問いを立てることは実際に今なお可能であり、これらは決して純粋にアプリオリな思弁による空論であるとか、もはや科学的な見地からすればほとんど意味のないたわごとであるとして、退けられる必要はないと考えられるからです。

ここで、これらが科学的な見地から見てもまったくの無意味ではないというのは、大雑把にいえば量子論の多世界モデルなどをもとにした多宇宙論が可能であり、現に提唱されてもいる――これが正しければ、当然宇宙の寿命は無限ということになるでしょう――ということでありますが、こうした大げさな話を持ち出さなくとも、すでに講義の最後の「ビッグバンの方へ」で触れたように、宇宙の最初期の理解のためには、一般相対性理論に基礎をもつ宇宙の時空構造と、その極限的初期状態における量子論との結合が必要となるけれども、その総合にかんしては、今日でも完全に明快な解決が与えられていない。そのために、宇宙の始まりのだいたいの時期については分かっているとしても、その誕生の本当のメカニズムについてはいまだ分からないことが多いといわざるをえないのです。したがって、相対論によって与えられる時空と「それ以前」との関係という厄介な問題は、科学的にも依然として謎として残っていると考えざるをえません。

今日では、宇宙の始まりにかんする私たちの一般的な理解は、特に量子力学に特有な「虚数時間」という概念を巧みに使った、ホーキングらの議論などによってぼんやりとしたかたちであれ、一定の共通のアイデアとして徐々に定着しつつあります。しかし、宇宙の「創造」のメカニズムの解明にも等しいこの主題は、相対性理論と量子論の関係というきわめて困難な問題を巻き込んでいるために、冷静にいえばいまだに完全な解決を見たというのにはほど遠い状況にあります。

こういう科学的に非常に刺激的であり、同時に困難でもある時期に、哲学の方はどういう作業を行うことができるのか——。この問題はそれ自体が非常に複雑な問題です。しかし、ここではロックやカントなどの西洋近代の哲学者が考えた哲学の使命をもう一度思い出すことで、一定の見通しを得るのが賢明であろうと思います。その哲学の使命とは、科学のいわば下働きとして、科学的な思考法や原理の基礎について丹念に反省してみるということです。

ここで問題にしている宇宙論的な問題について、そうした反省はどういう方向で進むべきでしょうか。それは恐らく、哲学の分野では長い年月を通じて定説とされていたカントのアンチノミーについてもう一度整理しなおしてみて、今日の観点からみてそれがどの程度まで意味のある主張なのか、どこにその議論の問題点があったのかを指摘してみる、ということだと思います。そのうえで、できるならば、その改良版の議論を提示するというところまでいければ、哲学と科学との協働という本来の作業を遂行することができるようになるかもしれません。この補講ではそうした作業を本格的に行うことはできませんが、以下の二回では、そこへと向かう予備作業のようなものをスケッチしたいと思います。

補講二　カントのアンチノミー

アンチノミーが暴くもの

ここから、少しカントのアンチノミーについて細かく見ていくことにします。

アンチノミーというのは二律背反とか、自己矛盾ということで、漢文で出てくる「矛と盾」の話と同じだと考えていただいても結構です。要するに二つの主張があって、二つは互いにまったく正反対のことをいっているにもかかわらず、どちらの主張も正当なものなので、結局二つとも誤りとする他はない、という困った事態のことです。

カントはわれわれが理性を思いきり羽ばたかせようとすると、必ずこうした二律背反に陥ってしまう、それはわれわれの理性の避けられない運命のようなものだ、といいます。彼はこの議論を『純粋理性批判』の「超越論的弁証論」という箇所で提示しているのですが、そこには四種類のアンチノミーが掲げられています。それぞれのアンチノミーは二つの主張からなる一組なので、四組の根本的に対立する主張があるといってもよいでしょう（「超越論的弁証論」という言葉は前に出てきた「超越論的観念論」同様に、カントならではの厳めしい表現ですが、今度の場合の「超越論的」というのは「カントが目指す認識批判の観点から見た」というぐらいの意味で、「弁証論」というのは「理性のさまざまな詭弁を暴く議論」ということです）。

アンチノミーになってしまうといわれている四組の主張は、次のようなものです。

「世界は時間的、空間的に有限である／世界は無限である」。
「世界はすべて単純な要素から構成されている／世界には単純な構成要素はない」。
「世界のなかには自由が働く余地がある／世界に自由はなくすべてが必然である」。
「世界の原因の系列を辿ると絶対的な必然者に至る／系列のすべては偶然の産物で、世界には絶対的必然者は存在しない」。

私たちがこの補講で問題にしているのは、いうまでもなくこのうちの第一アンチノミーのことです（それも時間の問題に限って論じていて、空間のことはとりあえず無視しています）。

右の主張の組から分かるように、アンチノミーはそれぞれの組がテーゼ（前の主張）とアンチテーゼ（後の主張）からできていて、それらは正反対のことを主張しています。ところが、どちらの主張も純粋に理性的な議論によってそれが正しいと証明できるので、それらは両方とも誤りだ、というのです（正確には、第三、第四のアンチノミーでは少々別の理由から、両方とも真だといわれます）。それぞれの主張が純粋に理性的な議論によって証明されるというのは、どの主張も「世界全体」を問題にしているので、私たちの日常的な経験のなかの個別的な事実を根拠にして議論することはできない。「世界全体」についての話は、さしあたってさまざまな経験的事実に訴えて決着をつけることができないので、理性的な、アプリオリな議論だけでその正否を決めなければならないのです。

さて、カントが出したこのアンチノミーのそれぞれの主張の証明の仕方は、非常にユニークなものです。この後に第一アンチノミーの証明を挙げてみますのですぐにお分かりになると思いますが、テーゼとアンチテーゼそれぞれの実際の証明の仕方というのは、テーゼを証明するために、まずアンチテーゼの方を仮定してみる。そうするとこのアンチテーゼが間違っていることが分かるので、テーゼは正しい、ということが分かる（つまり、帰謬法によってテーゼの正しさを証明する）。反対に、アンチテーゼの場合は、テーゼを正しいと仮定してみるとそれが間違いだと分かるので、アンチテーゼが正しいと分かる（同じく帰謬法による証明）――。

このように二律背反というのは、それぞれの反対を論駁することでそれぞれが正しいとされる、奇妙な論理的状況、という構造をもっている。これは、「矛は盾に勝つ」、「盾は矛に勝つ」ことがそれぞれ別個に確認されて、結局どちらも勝てないと分かるという「矛盾」の話を、武器の強さの問題ではなく、主張の正しさの観点から論理的な矛盾構造として浮き彫りにしているわけですが、矛と盾の話以上に入り組んだ形式をもっています。

ところで、カントが『純粋理性批判』という著作で、そもそも「純粋理性の批判」ということを構想したのも、その第一の狙いは、理性がもっているこのような奇妙にねじれた本性というものを暴き出すことにありました。

もちろん彼は、人間の純粋理性（いいかえれば理論理性、ニュートンの体系を生み出すような科学的な理性）がすべてねじれているとか、転倒しているとかいおうとしているのではありません。理論理性はニュートンの成果に現れているように、科学的に非常に輝かしい成果を生み出す能力をもっている。しかしその能力を自分の限界を超えて適用し、感覚を通じて受容される経験的な事実を超えて、「世界全体」とか「存在一般」のような理念的にしか考えられないものについて語ろうとすると、必ずこのような自己矛盾的対立に陥ってしまう。哲学の歴史に登場したさまざまな形而上学的体系は、世界や神についての独断的な主張を繰り返してきたけれども、それらはすべて経験を超えた、思弁的な言明であって、いずれもその反対の正しさも証明できるような不正な主張である。アンチノミーとして挙げられた四組の主張はそうした思弁の典型であり、これらの二律背反の証明は、そのまま理性の独断的使用の欺瞞性を白日の下に暴き出すことになる。「超越論的弁証論」の議論は形而上学が理性の不正な使用の産物であることを疑いようもない事実として示そうとするものであり、それゆえにこそこのアンチノミーの証明というのは、カントの批判哲学にとっても最大級に大きな意味をもっているわけです（彼の「批判」という言葉の意味については、第四回講義の最後のところをご覧ください）。

アンチノミーの議論がもっているもう一つの大事な意義は、この議論がカントの「超越論的観念論」という考えの理論的な根拠になるという点です。

二律背反の議論によれば、世界そのものは無限でもなければ有限でもないということになる。これはしかし、一体どういうことなのでしょうか。世界全体は有限とも無限ともいえない、何かしら中間的なものだということでしょうか。もちろんそうではありません。アンチノミーの結論を素直に受け入れると、世界全体は無限とか有限とかの「量」の規定を受け入れないものだということになります。しかし、どんなものでもおよそ「存在」しているように見えるものは、量的な規定を受け入れるはずです。つまり、「量」というカテゴリーはわれわれが出会うすべての存在者に普遍的にあてはまるものです。そうすると、世界全体は存在者ではなく、いわば「無」ということになってしまいます。カントのいう超越論的観念論とは、このように、すべての理念的なものを「無」としたうえで、存在するものはすべて「われわれの認識のカテゴリー」に従わねばならない、とする立場です。いいかえれば、われわれがその認識能力に備わったカテゴリーを通じて構成した具体的な「現象」の世界だけが、われわれにとって「有る」「存在する」といえる世界なのです。

さて、こういう証明の形式として非常に面白い議論の形式をもっており、しかも、その証明の結果としてきわめて重大な含意をもっているのがこのアンチノミーの議論なわけですが、その具体的な議論を実際に見てみると、その証明は案外あっさりと書かれていて、少々肩すかしの感じもします。しかし、話はその表面的な単純さにもかかわらずなかなか入り組んだ議論からできていますし、何よりもテーマそのものも興味深いものですから、ここでは少し丁寧に第一アンチノミーの議論の運びを見てみることにしましょう。

第一アンチノミーの議論

まず、テーゼは「世界は時間的に有限である」といっている（繰り返しますが、ここでは空間の方は無視して議論を進めます）。

他方、アンチテーゼは「世界は時間的に無限である」といっている。

テーゼの証明は、先ほどいったように、「世界の時間が無限であるということを仮定すると、それは不条理だということが分かる」、だから時間は有限である、という議論です。

また、アンチテーゼの証明は、反対に、「世界の時間が有限であるということを仮定すると、それは不条理だということが分かる」、だから時間は無限である、という議論です。

そして、なぜ「無限の時間は不条理か」、また、なぜ「有限の時間は不条理か」ということについて、カントは次のように答えています（『純粋理性批判』中、篠田英雄訳、岩波文庫、一九六一年）。

（テーゼの証明）かりに世界は時間的な始まりをもたないと想定してみよう。そうすると与えられたどんな時点をとってみても、それまでに無窮の時間が経過している、したがってまた世界における物の相続継起する状態の無限の系列が過ぎ去ったことになる。しかし系列の無限ということは、継時的総合によっては決して完結されえないことを意味する。ゆえに過ぎ去った無限の世界系列は不可能であり、したがってまた世界の始まりは、世界の現実的存在の必然的条件であるということになる。

（アンチテーゼの証明）　世界が時間的に始まりをもつと仮定してみよう。始まりというのは、現実的存在のことである、すると物の存在していない時間がそれよりも前にあるわけだから、世界が存在していなかった時間、換言すれば空虚な時間がその前にあったにちがいない。しかし空虚な時間においては、およそ物の生起は不可能である、かかる空虚な時間のどんな部分も、非存在のかわりに物を新たに生ぜしめる条件を含んでいるという意味で、他の部分から区別されるようなものをもたないからである。ゆえに世界においては、なるほど物の多くの系列が始まりうるにせよ、しかし世界そのものは始まりをもたないし、したがってまた過ぎ去った時間についていえば、世界は時間的に無限である。

これがカントの議論ですが、皆さんはどのように読まれるでしょうか。言葉づかいが少々生硬ですが、議論そのものはそれほど厄介なものではありません。厄介なのは、テーゼの証明もアンチテーゼの証明も、それぞれ反対命題の不条理性を暴くという帰謬法的な議論になっているので、この証明形式そのものが何やら頭を混乱させるところがあるという点だけだと思います。その点を注意して、もう一度議論の要点をつかんでみてください。

まず、テーゼの証明の要点はこうです。宇宙の過去が無限に遡ることのできるものであるとすると、現在までに時間というものは無限の継起を経てきて、現在において完結しているということになる。しかし、無限なものの継起というのは、たとえば数の系列の例からも明らかなように、その本質からして、どこまでいっても完結しないということを特徴としている。したがって、無限に続いている継起が現在において完結しているという考えは、まったく不条理である。

他方、アンチテーゼの証明の要点はこうです。宇宙が有限の過去の時点で始まったとすると、その宇宙の「始まり」以前には、何もない「空虚な時間」だけが流れていたことになる。そして、この空虚な時間のどこかの時点が、宇宙を生み出したことになる。しかし、空虚な時間というのは、その本質からして、どの時点にも特別の性質が属さないのっぺらぼうの時間であるということを本性としている。したがって、その継起のどこかの時点に宇宙を生み出す特別の性質が宿るというのは、まったく不条理である。

いかがでしょうか。どちらの証明も納得できるでしょうか。皆さんは「なるほど」と思われたでしょうか。それとも、「うーん、どうもおかしい」と考えられたでしょうか――。

この議論は、それまでの哲学史上の宇宙の有限・無限をめぐる長い論争に終止符を打つことになった議論ですから、きわめて強力な議論であることは間違いがありません。一見そっけない議論ではありますが、少し考えただけでも、非常によく考え抜かれた議論でできていて、鮮やかな切れ味をもった証明であることがお分かりいただけると思います。また、純粋理性の思弁が陥る罠の強力さ、深さというものについても、直感的に覗き見させてくれるような奥行きを、この議論は備えています。カントは一時、その『純粋理性批判』をこのアンチノミーの議論から説き起こそうというアイデアを抱いたことがあるそうですが、それももっともだと思わせるだけの迫力をこの議論はたしかにもっています。

疑問と謎

とはいえ、いうまでもなくこのような鮮やかな論証であっても、そこにはいろいろな理論的前提があらかじめ想定されていることは事実ですし、この論証の説得力もそうした想定を認めるという条件つきで初めて獲得されるのだ、ということも確かです。

カントの議論は哲学の議論としては例外といってもよいほどシャープですが、それがはっきりとした議論で構成されていて、シャープなかたちで提示されているということは、それだけそれについての疑問を挙げることもまたむずかしくない、ということを意味します。実際にその後の哲学の歴史を見ても、このアンチノミーをめぐっていろいろな議論がなされたのですが、ここではこの後に続く宇宙論の展開という主題にからめてもっとも関係があり、哲学的にも重要だと思われる観点からの疑問を挙げてみたいと思います。

もう一度証明をじっくり見てみると、カントはアンチテーゼの証明の方で、「世界や物が存在しなくても、空虚な時間は存在していた」という意味のことを書いています。カントにとっては、アンチテーゼの問題は、この空虚な時間のなかに物が現れるのは、空虚な時間のなかにも特異な点を認めることになるので不条理だ、というわけですが、これはいわば「虚無はどこにも区別がつけられない」、「無はいかなる性質ももつことができない」、ということを理由にした論駁ということになる。この理由はまことにもっともですが、しかし、そもそも虚無の時間であれ何であれ、世界の存在に先立って絶対時間が無限の過去から存在しているということをあらかじめ認めているのなら、時間にかんする有限・無限の問題そのものは始めからない、ということになる。物がなくても時間があるなら、その時間が無限の時点の継起からなっていてもかまわない、ということになるはずです。

これにたいして、もう一方の、テーゼの証明の方を見ると、そこでは、現在の時点までに無限の時間が続いたとすると、無限の瞬間の連鎖が現在の時点で完結したことになるが、これは不条理だ、といわれている。このこともなるほどもっともなようですが、よく考えるとこの議論は無限な時間が不可能だということとはまったく別の論理です。テーゼの証明がいっていることは、無限系列の完結は考えられないということだけで、無限な時間という観念に矛盾があるということではない。そしてこれだけでも、テーゼとアンチテーゼはストレートに矛盾しあったり、二律背反にはなっていないということになります。というのも、これらの議論を合わせて浮かび上がる困難は、時間は無限に流れているのだが、その流れが現在の時点に完結するという事態は理解不可能である、ということだからです。こうして宇宙の過去をめぐる謎と思われた困難は、「現在の時点」についての謎に帰着してしまうことになるのです。

しかも、さらに面倒なことに、この謎も本当の謎であるかどうかは大いに疑問です。というのも、そもそも時間の流れや無限に続いているように見える「時点の継起」は、この現在において本当に「完結」しているのでしょうか。一見したところ、たしかに現在は時点の継起をストップさせますが、実際にはこの現在というものがそれ自体流れていて、決して完結しているわけではない。無限の継起は、ちょうど自然数の継続のようにたしかに終点をもつことはない。しかし、現在もまた一つの時点にすぎず、終点であるわけではないとすれば、ここには何の問題もないことになります。たとえばここで観点を変えて、これから未来へと向かう時間の永遠の継続ということを想定してみるならば、ニュートン的絶対時間の無限性には何の問題もなくなってしまう。

つまり、議論のコアは、現在という時間が無限の系列の完結のように思われるとき、そこには深刻な謎があるということであって、決して無限な時間が不可能だということにはなっていない。そうであるとすると、カントの議論は結局のところ時間の無限性にまつわるさまざまな概念上の整理がついていないことを利用して、アンチノミーのようなものを作り出しているのであって、彼が確信しているほどには独断的理性の自己矛盾を暴き出すことに成功してはいない、ということもできると思います。

もちろん、こういういいかたが、あたかもカントが意図的に詭弁を弄したかのように取られるとしたら、それは彼にたいしてまったく不親切です。というのも、ここでカントが直面しているのは、まさしく「アキレスと亀」で代表されるゼノンのパラドックスそのものなのですから、それが深刻な問題ではないどころではない。ただ、問題は理性の二律背反ではなく、「連続的な無限系列」をめぐる謎そのものだ、ということです。彼のもくろみは、この議論から「世界全体」はいわば「無」のようなものだという、超越論的観念論を導くことであったわけですが、右のように議論を整理してしまうと、そうしたもくろみはやはり無理だろうということになります。

アキレスと亀のパラドックスについては、読者の皆さんも何度か耳にされたことがあると思うのですが、いかがでしょうか。亀とアキレスが徒競走をする。ただし、亀の方が少しだけ先に出発するとする。そうすると、どの時点をとってもアキレスが通過する地点は、亀がそれ以前にすでに通過してしまっているので、アキレスは決して亀に追いつくことができない。いいかえると、アキレスは亀と並ぶ地点にまで決してたどり着かない。無限の過去からの時間の流れが決して現在にまで届くことができない、という先に見たテーゼの議論が、この議論のヴァリエイションであることは明らかです（ゼノンのパラドックスについての、分かりやすくしかも正確な参考書としては、R・M・セインズブリー『パラドックスの哲学』〈一ノ瀬正樹訳、勁草書房、一九九三年〉があります）。

ゼノンのパラドックスから一九世紀の数学・論理学へ

さて、このゼノンのパラドックスにかんして、なんとか数学的にすっきりとした解法がないのか、そして「無限の要素の連鎖からなる集合」というものを「実無限」として扱うことはできないものか（アキレスが無限の地点の連鎖を通過できる、と考えられないものか）という問題意識が、一九世紀の数学者や論理学者の大きな研究テーマとなりました。そしてそこから現代に通じる形式的論理学というものができてきた、ということはよく知られていることと思います。

一九世紀は一方で確率革命をおこし、他方で非ユークリッド幾何学の導入によって幾何学の革命を経験した。そしてさらには、集合論を基礎にした論理学を構築することによって、論理学の分野でも大きな革命をおこしていた。その意味で、一九世紀の特に後半の数学や論理学といった形式科学の分野での知的革命は、二〇世紀の物理学の革命や宇宙論の発展に先行する、非常に重要な変革であったと思います。この論理学革命の担い手としてもっとも有名な数学者、論理学者としては、カントールやフレーゲ、ラッセルなどの名前が挙げられるでしょう。

それでは、こうした形式科学の物理学への影響とは別に、集合論という新しい観点から無限を扱う方法が確立されて、それまでの形而上学の謎に何か光が当たるようになったということはあったのでしょうか。ラッセルやフレーゲはたしかに哲学史全体を見てもひときわ抜きん出ているような、非常に偉大な論理学者であり、哲学者ですが、私たちがこの講義で問題にしている自然哲学の分野ではあまり大きな仕事をしませんでした。論理学の分野でも革新的な成果を上げながら、こちらの分野でもクリエイティヴな理論を展開した思想家としては、わずかにパースとホワイトヘッドの名前を挙げることができるくらいです。

この補講では次の最後の回で、このうちでもすでに前の講義の六回目「決定論の崩壊」で登場したパースの理論を概観して、カント以後の宇宙論的洞察の例を、一つのモデルとして見るということにしたいと思います。アメリカのパースはドイツのフレーゲと並ぶ新しい論理学の創始者であると同時に、カントの問題意識を引き継いで、集合論的論理学や連続性の理論を使ってカントの直面しているディレンマを乗り越えようとした哲学者です。彼はまた、その宇宙論的ヴィジョンによって時間の始まりというような謎めいた問題について考えようとした思想家の一人といえます。

パースのこの宇宙論は一九世紀の末に生まれたものですから、当然のことながら現代の物理学のような洗練さをもっていません。しかし不思議なことに、それは基本的には今日的な宇宙論と同じ構造をもっていて、その意味で、カントの哲学と現代の自然像とを橋渡しする役目を担うことができると思われます。そのうえパースは無限の問題ということを単に形式的に分析するだけではなく、それをわれわれの直接の経験の次元で解説しようという、一種の現象学的な関心も示していました。そういう意味で彼の哲学は、「宇宙のなかでのわれわれの位置」を哲学的に考えてみよう、という私たちの関心に直結する面をもっていると考えられるのです。

補講三　パースの宇宙論

進化論的宇宙論——カオスからコスモスへ

チャールズ・パースはすでに紹介しましたように、主として一九世紀後半において、アメリカのみならずヨーロッパでも知られた科学者、論理学者、哲学者です。彼の父親はハーヴァード大学教授であり、当時のアメリカを代表する数学者でありましたが、彼はその父の期待を一身に担ってさまざまな分野で革新的な成果を上げました。ところが、性格的な問題もあって、当時の大学の世界では嫌われ者となり、結果的に狭い意味でのアメリカの学界からは閉め出されたようなかたちになりました。その意味で彼はニーチェと同じように在野の思想家として一生を終えたのです。

パースはカントの哲学を徹底的に研究したうえで、カントが洞察することのできなかった新しい論理学や数学の地平を開拓し、結果的にカントを乗り越えるような形而上学の可能性に思いいたるようになりました。彼は自分のことを新時代のライプニッツであると自負していましたが、その理論の真価は親友のウィリアム・ジェイムズなど、ごく少数の例外を除いてまったく理解されることがありませんでした。しかしながら、現在では彼が本当の意味で革命的な、現代の哲学の進路を先導する思想家であったことは、広く認められるようになっています。ここで取り上げようとする彼の理論は、一八九〇年代に彼がいろいろなかたちで発表した、いわゆる進化論的な宇宙論です（彼自身はそれを「数学的形而上学」と呼んでいました）。

進化論的宇宙論とは、宇宙には始めの状態があり、そこから発展する論理があり、現在の宇宙の大局的な構造がこの発展の結果としてある、と考えるような、時間的発展の軸にしたがって宇宙を説明する理論モデルのことです。ビッグバン宇宙論は、いうまでもなくこの進化論的宇宙論の一形態であり、宇宙の始まりにバラバラな素粒子どうしの凝縮した高温高密度な状態があり、そこからの膨張によって現在の宇宙ができたという理論です。

パース

ビッグバン宇宙論はいくつかの観測結果と素粒子論との合体のようなものとしてできたものですが、パースの宇宙論は一九世紀後半の理論的産物ですから、そうした観測にもとづくものでも、量子論のような物理学に導かれたものでもありません。それが進化論的なスタイルを取った理由としては、一つにはダーウィンの進化論による影響も認められます。しかしながら、この宇宙論が進化論的であったもう少し根本的な理由は哲学的なもので、要するに、自然の世界が法則に支配された体系的なものである理由は、カントのように超越論的観念論の立場を取らない場合どのように理解したらよいのか、という問題から出発しています。

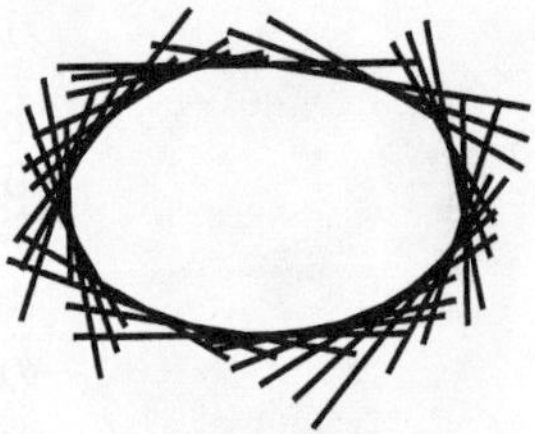

図1

カントの立場では、世界のさまざまな事象が法則的なかたちで生じるのは、われわれが「因果性」というカテゴリーを世界に投げ入れて、現象そのものを因果法則的なものとして構成しているからである、ということになります。しかし、この議論が使えないとしたらどうしたらよいのか――。パースの答えは、自然界に見られる法則の成立を当の自然界全体の進化の結果と考えればよい、というものです。すでに決定論の崩壊のところで見たように、彼は「ミクロのレベルでの非常に多くの不確定的な事象が、結果としてマクロのレベルでの規則的性格を形成する」という、確率統計的な視点の創始者の一人でした。それゆえ、宇宙は無数の「偶然」の海、カオスから出発しながら、結果としてその大局構造において秩序だった「法則」の体系、コスモスとなるという考えに、自然に進むことができたのです。

右の図は、彼がこの宇宙論の概略を講演というかたちで発表した、一八九八年のテキスト（パース『連続性の哲学』、拙訳、岩波文庫）からのものです（図1）。これは無数の破線がランダムに重なるとき、そこに意図しない円が表れてくるという話の図ですが、パースはこのようなものによって「宇宙の卵」を考えることができるといっています。

カテゴリー論

さて、彼はこのように人間の精神に備わった超越論的なカテゴリーによる世界の構成ということを否定したのですが、それによってカテゴリーという考え方そのものを捨てたのかといえば、そうではありません。むしろ反対に、このカントの発想をもっと大胆に徹底して、人間の精神の働き方ではなく、およそ世界のなかにある存在者一般の形式として、カテゴリーの種類を整理し直すべきだと考えました。つまり、カテゴリーはカントでは禁じられていた、「世界全体」の構成要素、エレメントとして列挙されるべきだと考えたのです。これは、決定論を否定しながらも、他方であらゆる思考を形式的な観点から分析していこうとする、パースやホワイトヘッド（あるいは古くはライプニッツ）などの論理的形而上学者に特有な発想です。

パースは哲学者であるとともに、数学者、論理学者でありましたから、その議論にはいろいろと形式的な話が出てきます。そのために彼のテキストを読んでいても何となく抽象的な議論が多く、少々頭が痛くなるようなところがあります。しかし、それでも今日の科学の形式的な議論に比べれば、ほとんど初歩的といえるくらい単純なものですから、大したことはありません。カントは従来の形而上学の「批判」ということを主眼にしたわけですが、カント以後の哲学で、またもう一度「構築」ということを考えようとすると、いろいろな形式的な道具立て、体系を作るためのデヴァイスが必要となります。ここではパースの考え方の形式的側面をかいま見るために、その「カテゴリー論」と「連続性の理論」のさわりを見てみることにしましょう。

まず、カテゴリー論の方ですが、ここでいう存在論上のエレメントとは何かということを突き止めようとすると、それこそ哲学のもっとも深い問題に突き当たってしまって、これ以上進めなくなってしまう恐れもあります。しかし、パースはフレーゲやラッセルとまったく同じように、形式論理学に出てくる基礎的な概念が、世界そのものの形式的な性質を映し出していると考えました。そして、カントでは三段論法のようなアリストテレス以来の古い論理学しか利用できなかったものを、彼は命題論理と述語論理という新しい記号体系によって置き換えることができると考えました。この考えによれば、カテゴリーとは真理を担う命題の述語となるものの種類だということになります。したがって、述語の一般的な種類さえ列挙できれば、世界のなかの事実の一般的な種類が特定できると考えられるわけです。そして、述語の種類とはその「価数（valency）」による種類のことであるとすると、述語には単項述語、二項述語、三項述語などの種類があることになります。

述語は物の「性質」や「関係」を表し、その価数は述語の形式的種類を表します。たとえば、「xが赤い」という命題に現れる「赤い」という述語は、xがもつ単項関係、つまり性質を表し、「xはyを愛する」というときの「愛する」という述語は、xのもつ二項関係を表し、「xはyにzを与える」というときの「与える」という述語は、xのもつ三項関係を表すわけです。そうすると、世界に存在する事物には一般的にこうした種類の区別がどれだけあるのでしょうか。いいかえれば、世界には一般的な観点からいって、何種類の関係があり、その結果として、（もっとも抽象的な意味で）何種類の命題があるといえるのでしょうか。

パースはこの問いにたいして、世界には第一性（単項性）、第二性（二項性）、第三

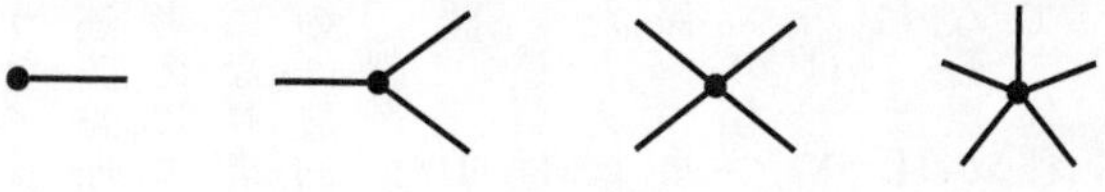

図2

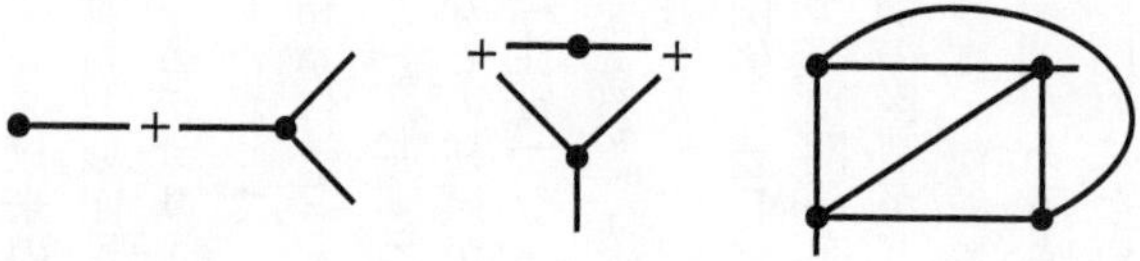

図3

性（三項性）の三種類の形式が必要であり、かつこれで十分であるということを主張するとともに、そのための「証明」を提出しました。

この証明はさまざまな図標の形成可能性の理論としての、結び目理論、あるいはグラフ理論という非常に斬新な発想を使って証明されているのですが、簡単には次のような理屈でできています。単項関係、三項関係、四項関係、五項関係などの関係を図（グラフ）で表すと次のようになります（**図2**）。

このとき、それぞれのグラフは点（項）と線からできていて、線は空いた手、ルーースエンドをもっている。個々の述語の価数とはこの空いた手の数です。グラフどうしが二つの空いた手によってのみ結びつきうるとすると、複数の関係項が結びつく形式は次のようになりますが（**図3**）、どのような結びつきの場合も、結合してできる全体のグラフの価数は、結果的には、結合をもたない当初のグラフの価数を合計して、そこから結合の数の二倍を引いた数になります。

この数は一か二か三のいずれかです。つまり、どんなに複雑な関係的事実がこの世に存在したとしても、それは三つのカテゴリーの結合体として理解できるということです。ここで重要なのはこれらの非常に簡単な道具立て（と、これらを囲む囲み線）によって、いわゆる量化を含む標準的な形式論理学の推論――つまりフレーゲやラッセルが作り出したものとまったく同じ論理の体系――がすべて表記できることになるということです。これが、カントでは利用することのできなかった新しいカテゴリー表の再編ということになります（こんなグラフで、どうして形式的な推論が表現できるのか、という問題については、先の『連続性の哲学』に詳しく書かれています）。

ところで、この三つのカテゴリーはそもそも単なる論理的な道具立てではなくて、存在論上のエレメントを列挙したものでした。そこでこれらをより具体的なこの世界のうちなる存在者として考えてみると、それぞれ、何らかの「質」、「二つの事物の遭遇」、「それらを媒介する第三者」ということになります。いいかえると、世界の究極的な構成要素とは、確定的な事実となる以前の非限定的、偶然的、自発的な性質の現出と、何らかの作用どうしのぶつかり合い、そしてそのぶつかり合いの根拠、原因、理由となるもの、の三者です。

自然のうちなる「事実」「出来事」とはこのカテゴリー論を使うと、個々の事実が法則によって規定された仕方で生じているということになるわけですから、それはまさに、第二性としての事実が第三性による媒介のもとで生じている、ということになります。したがって、このカテゴリー論を、「カオスからコスモスへ」という先に出てきた進化論的宇宙論の基礎的なモチーフに重ねてみると、宇宙のこの進化の過程とは、第一性のみの世界から第三性に支配された第二性の世界への移行ということになる。つまり、あらゆる確定性、法則性を免れた混沌の世界から、第三性としての法則性が成長することによって、あらゆる事実が法則に従ったかたちをとって生じるような第二性となる世界への移行というのが、この宇宙全体のもっとも大規模な進展の論理である、ということになるわけです。

連続性の理論

そこで、この「移行」いいかえれば第三性の「成長」ということが改めて問題になります。世界には三つのカテゴリーが存在するというだけでは、その進行の論理は明らかにならない。むしろ、それらのカテゴリーの存在の様態——法則性の成長——が明らかにならなければならないはずです。そして、この法則性の成長を説明するのが、もう一つの数学的観点である「連続性の理論」です。

パースは連続性をめぐる数学的議論が、彼の時代のカントールの理論によって決定的に前進したことを認める一方で、その議論によっては真の連続性がいまだ捉え切れていないのではないか、と考えました。カントールがはっきりとさせたことは、自然数の無限性がもつ濃度（アレフ・ゼロ）と、実数の無限性がもつ濃度（アレフ、あるいは後の呼び方ではアレフ・ワン）の相違ということです。前者は可算無限の連続体であり、後者は非可算無限の連続体です。私たちの通常の理解では、たとえば直線の連続性は後者の非可算無限個の点からなる連続体であり、実数の体系に写像される。つまり、ある線が点からなる連続体として、すきまのない連続性をもつのは、それが実数と同じような濃度をもつからであると考えられるわけです。

しかし、よく考えてみると、線分を実数からなる連続体とした場合、デデキントの切断によって、切断箇所での点はどちらか一方の線分に所属することになります。しかし、それは分割された二線分の鏡像関係を破壊してしまうことを意味します。したがって、線を構成する点の連続性が実数の連続性と同種のものであると考えることは、実際には不条理なのです。

この線上の点の連続性を、線の切断や移動、重ね合わせ、連接という事実などと整合的なしかたで理解するためにはどうしたらよいのか――。パースはこの問題の解決のために、線上のそれぞれの点を、ちょうど現代の数学において「超準解析（non-standard analysis）」という考え方に現れる「モナド」に相当するものと考えて、それが「無限小」の距離（近傍）にある無数の「部分点」を含むものと考えました。個々のモナドが含む部分点の数はそれ自体が非可算無限個であるとされ、結果的に線上のあらゆる点を構成する要素の総和は、いかなる無限の数え上げによっても数え上げられない多数性、あるいは濃度をもつものとされます。すなわち、線上のすべての点は現実には特定できない無数の潜在的な点からなり、線という連続体とはこの潜在性の総体、潜在性の集合という特異な存在として、その連続性を保持しているというふうに考えるのです。これは簡単にいえば、真の連続体はその部分からその下位部分を無尽蔵に産出する性質をもったものだ、ということです。

何かが真に連続的であるとは、それを構成する各要素の部分の数の数え上げが、たとえ非可算無限回という極限的な回数まで繰り返して行われると想定しても、なお完結しないであろうような、そういう要素からなる連鎖であるということである。

連続性が無尽蔵の産出可能性をもつ潜在性をもつことから、すべての第三性、法則性は、それ自身がさらに進化する傾向をもつこと、さらに高次の法則性を生み出す力をもつということが導かれます。そこで、この理論を使えば、「カオスからコスモスへ」、という進化論的宇宙論のストーリーは、潜在性の連続体という混沌の世界から、さまざまな秩序ある世界、時間や空間に従い、法則に従った世界が次々と体系化していく世界が現れてくるストーリーとして語られることになるのが、お分かりいただけると思います。

実際に、パースはこの筋書きに従って、「無限に遥かな太初の時代の、混沌とした非人格的な感情」の世界から、「世界が絶対に完全で、合理的で、対称的な体系になるまで」の「規則性の成長」について述べています（講義の第六回、「決定論の崩壊」でのパースの引用文を参照してください）。そこでいわれているように、この進化論的宇宙論は、彼の時代の「現代の数学の基本的概念や原理」を形而上学の材料としながらも、古代の神話的、宗教的な宇宙論とも共通点をもつような、広大なスケールをもった「宇宙生成論哲学」です。それは人間の永遠の思弁的欲求に応えるために、新しい数学や論理学、集合論やグラフ理論を応用して構成しなおされた、宇宙の生成と発展のヴィジョンなのです。

多宇宙論へ

ところで、カテゴリー論の第一性や第三性を使ったこの「カオスからコスモスへ」というストーリーは、宇宙の進化のモデルとしてはもっとも粗っぽい素描にすぎないわけですが、もちろんこの理論の内実はそうした骨組み以上に、さまざまな細かい議論からできています。そして、その複雑さのなかでもとりわけ今日のわれわれの目から見て興味深く思われるのは、この宇宙論がわれわれの現実の「この宇宙」を一つの例示として考えるような、潜在的な無数の宇宙からなる「多宇宙論」の視点を備えているという点です。

多宇宙論とは、この現実の宇宙だけが唯一の宇宙ではなく、この宇宙の誕生には無数の宇宙の誕生が先行後続している、あるいは、この宇宙の誕生に並行して無数の宇宙が生まれているという考えです。この潜在的な無数の宇宙という議論の詳細にも踏み込もうとすると、われわれはさらに「潜在性」や「可能性」という、いわゆる「様相」の論理についてまで、形式的な思考を拡大する必要が出てきますが、ここではそこまで掘り下げる余裕はもうありません。ただ、このわれわれの現実の宇宙が、そうした潜在性のなかから、どのようにして誕生すると考えられているのか、とくにこの現実宇宙の誕生と時間の誕生とがどのように結び付けられているのかという点だけを、もう少しだけ見てみることにしましょう。

時間とこの宇宙はどのように生まれるか

パースの考えでは、真の無限からなる連続性の世界とはいくつもの連続体を包みこむ「物自体」のようなものであり、そこから有限なわれわれの時間（現象世界）が生まれてくる、ということになります。これを、先に出した「宇宙の卵」のアイデアと重ねると、無秩序で不規則で自発的な「質」の戯れの世界こそ、もっとも濃厚な可能性の連続性からなる世界であり、そこから実数によって表現できるような一つの「時間」の流れが生まれ、その時間の秩序のもとで現実の「この宇宙」が進行し、より体系的なものへと進化していく、という理屈になります。

この「時間の誕生」の有り様は、次のように述べられます。これはパースがこれまでの引用文と同時期に、（スフィンクスの謎にたいして推量によって答えるという意図のもとで）「謎への推量」という題で書いた、未刊の形而上学論文からの引用です。

事物や実体のみならず、出来事もまた規則性によって作られる。時間の流れは、それ自身が規則性である。したがって、規則性のまったくないカオスとは、単なる不確定性の状態であり、何も存在せず、何も生じていない世界である。時間が存在する以前の、発展のこの第一段階についてのわれわれの把握は、『創世記』第一章の記述と同じくらいぼんやりとした、修辞的なものにならざるをえないであろう。この不確定性の母胎から、第一の原理によって何かが生じたのだといわなければならない。われわれはこの原理を「閃光（flash）」と呼んでもよい。そして、習慣の原理によって、第二の閃光があったのだといえる。そこにはまだ時間は存在しなかったとしても、第二の光はある意味で第一の光の後になる。というのも、それは第一のものの結果として生じたからである。そしてその後で、もっともっと互いに密接に結びついた後継者が生じ、習慣とそれを獲得する傾向とがますます自己強化していったのであろう。その結果として、諸々の出来事は一つの連続的な流れのようなものに束ねられていったのである。われわれは現在の時点でも、時間がその流れにおいて完全に連続的で斉一的であると考えるべき理由をもっているわけではない。とはいえ、原初の閃光から帰結したこの連続性の擬似的な流れ（quasi-flow）は、われわれの時間と比較したとき、次のような決定的な相違をもっている。すなわち、複数の異なった閃光からは異なった流れが始まっていて、それらの間には共時性とか先後の継起性とかの関係が成立していないかもしれないのである。したがって、一つの流れが二つの流れに分離したり、二つの流れが一つに融合するかもしれないのである。とはいえ、習慣のさらなる結果として、長期間分離していたものは不可避的に完全に分離したものになり、しばしば共通点を示した流れはやがて完全な合一体へと融合するであろう。そして、完全に分離した世界どうしは互いにまったく知ることのない数多くの異なった世界となり、最終的にわれわれの目の前には、現実に知っている世界だけが現前しているということになるのである。

一つの世界の始まりはまったくの「無」であり、空間も時間も存在しない。その無の世界に「閃光」が走り、さらには閃光どうしの「流れ」ということが生じる。この閃光の流れにも継続性のあるものとないものがあり、多くは短期的な継起ののちに消滅する。そして、比較的長期に連なる閃光の連続も、分裂したり融合したりするが、そのなかに一つでもほとんど完全に斉一的な流れができれば、それがわれわれの経験している「時間」となるだろう——。

皆さんはこの創造のドラマをどのように読まれるでしょうか。右のパースの図式は、彼自身が断っているように、まさしく「『創世記』第一章の記述と同じくらいぼんやりとして修辞的」です。それは曖昧さの程度において、ほとんど世界各地に伝えられている世界創造の神話の記述と変わりがないほど、文学的なものです。とはいえ、この世界創造の神話的記述ともいうべきものが、他方では、われわれの今日の科学的宇宙論におけるある種の世界創成のモデルと驚くほど類似していることも、また明らかではないでしょうか。たとえば、空間も時間もない無を量子論的な真空と捉えて、無の世界における「ゆらぎ」を設定し、粒子と反粒子の対生成から超ミクロな宇宙が生まれては収縮するという動きを導き、さらにはそうした超ミクロの宇宙のなかに偶然による急速な膨張、インフレーションの生起を仮定して、最終的にわれわれの観察可能な宇宙の現出を説明するような「無からの創造説」と、この議論はほとんど同じような説明形式をもっています。このことは、やはり注目せざるをえない不思議な一致だと思われます。

前の講義で見たように、カントは第一アンチノミーのアンチテーゼの証明において、「虚無の時間のなかには物の世界が生まれる特異な時点はありえない」と考えました。しかし、現代の量子論では、虚無や真空のなかにも世界が生まれる可能性が宿されているといいます。そして、まさに、こうしたアイデアの一端が、すでに一〇〇年以上前にパースのような思想家によって夢見られていたのです。

「時間以前」の世界

ただし、もちろん、パースにおいてこのような量子論的な無、あるいは真空の概念があったわけではないことは、改めていうまでもありません。そうであるとすると、彼の場合は時間の生成を導くこの「流れ」の生成をどのように考えていたのか、ということが問題です。右のテキストでは時間の成立以前にも、たとえば第一の閃光と第二の閃光との間に、「ある意味で」の先後関係を考えうるとなっています。しかし、時間とは独立に考えられる先後関係とは何なのか。この問題こそ、まさしく私たちがこの補講の最初から問題にしてきたテーマです。したがって、パースのこのカントを改変した形而上学的宇宙論では、「時間以前」というこの謎めいた問題は結局どうなっているのか――当然このことが確かめられる必要があります。

すでに述べたように、今日の「真空のゆらぎ」にもとづく観察可能な宇宙の誕生に対応するものは、パースにとっては究極的な連続性の世界からの具体的な連続体の誕生です。つまり、時間が生まれるために生じている出来事とは、究極的な連続性の世界におけるさまざまな種類の連続体の発生ということであり、もしも時間が実数的な連続体からできているとすれば、時間の誕生によるこの宇宙の現出とは、母胎である究極の連続性の世界からの、実数の体系の誕生ということを意味します。

宇宙の原初に位置する混沌たるカオス、「事実」さえ成立していない偶然的「閃光」のみからできた無秩序とは、カテゴリー論からいえば第一性としての「潜在性」の世界です。真の連続体たる潜在性の連続体とは、この第一性の海ともいうべき世界です。これは決して現代の宇宙論における高温高密度の素粒子のスープといわれる原始の宇宙と同じものではありませんが、同じように混沌として自然法則に従う物質の単位以前、存在以前の、存在の断片の集合からできている。その意味で、それは「無」であると同時に、もっとも高濃度の集まり、エネルギーの凝縮でもあるような状態と考えられます。

無であって、しかも最高度の可能性を凝縮した世界——これはたしかに簡単にはイメージしにくい世界ですが、もう一度カテゴリー論を使えば、恐らく次のように考えることができるでしょう。われわれにとって、日常的な経験のなかで出会われる事物のもっている「質」は、色や音その他の性質として、さまざまな確定的で個別的な具体的性質として現れています。たとえば色でいえば、赤や桃色や橙のように、複数の色からなる色のシステム、色の連続体があります。これはしかしどんなに多くの色名からなっても、それぞれの質が個別的に捉えられていて、決して真に連続的なものではありません。とはいえ、たとえば色というこの一つの性質をとっても、こうした色のシステムの背後に、その無数の色合い、鮮度、明度が真に連続的につながっていて、決して個別化や分離のできない色の連続性の世界というものをあえて想定することはできるだろうと思います。その真の連続性の世界は、色という個別の性質以前の潜在性が圧倒的に凝縮されて集合した、色としては「無」ともいうべき光の世界と考えることができないでしょうか。つまり、私たちが感じうるもっとも微妙な質の無数の集まりがもっとも高度に集密した世界、それをすべてを生み出す「無」として考えるのです。

私たちの色の感覚の世界は、長い進化の過程で生存に適したかたちで世界を知覚するために身に備えるようになった、一つの質のシステムです。それは長い進化の過程を通じて獲得されたために、一見生得的とも思われるわけですが、このわれわれの質的な知覚能力を、もう一度もっとも原始的な生命の感受性の世界へと戻してみるということができるかもしれません。同じように、時間とはわれわれが外的な世界の変化――もろもろの事物の運動や成長、結合や分離等々――を把握し、そこに意味を見出すために必要となる数学的道具としての、実数の世界と相即的に存在しているものだといえます。

現実の「外」へと目を向ける方法

パースの考えでは、日常生活に即したこの通常の数学的思考を超えて、より根源的なカテゴリーや連続性の論理に形式的な思考をもって迫るとき、この世界がより不定形な、一切の事物の根源ともいうべき無限な質の世界から誕生した有り様も、また思考できるようになるだろうというのです。それはある意味では、現実の時間の「外」の有り様を経験の次元でかいま見させることだともいえるでしょう。

彼の哲学はこうした現実の外へと目を向ける方法のヒントを、数学の論理と感覚的な質の論理の交差する思考上のもっとも微妙な地点を指差すことで、与えようとしたものです。それは、原始の神話的思考が試みたことを形式的思考によって引き継ぎつつ、来るべき科学の向かうべき方向を示唆する作業を成し遂げようとした、きわめてアクロバット的な試みだったと思われます。しかしそれはある意味では、カントが廃棄した哲学的思弁の可能性をわれわれがもう一度取り戻すために、あえて冒さざるをえない危険を引きうけた、勇気ある試みでもあったのです。私たちはここに、科学と協働して進もうとする現代の哲学という思考作業の、一つの特徴あるありかたをはっきりと確かめることができると思うのです。

＊＊＊

これで補講全三回を終わりにします。語り残したことはたくさんありますが、私としては、われわれの現在の時間に先行する宇宙の時間の長さという謎について、わずかなりとも考えるきっかけのようなものが浮かび上がってくれればという考えで、キリスト教やギリシアの話からバロウやニュートンの考えまで、そしてカントから一九世紀末のパースのヴィジョンまでのストーリーを語ってきました。

世界は無から生まれた有限なものか、それとも永久の彼方から続いているものなのか――。カントは宇宙の寿命が有限でもなければ無限でもないと答えることで、この人類の永遠の謎に一つのピリオドを打ちました。しかしこのピリオドは、決して最終的なピリオドではなかったようです。パースはむしろ、宇宙は（現実的には）有限であるが、同時に（潜在的には）無限でもある、というかたちで、カントの解答を裏返しにする方法を開拓しました。そして、現代のビッグバン宇宙論は今のところこのパースのモデルを踏襲して、多宇宙論の途を進んでいるように見えます。

しかし、いうまでもなく、この途が本当に行き着くところは、現在でもまだ明確にはなっていません。ここまでのストーリーを読まれてきた皆さんの、この時点での考えはどのようなものでしょうか。この興味深い問題が、二一世紀のこれからの科学と哲学の思想のなかで、どのように発展や変化を見せることになるのか。それについては、私自身も皆さんとともにこれからまた改めて考えつづけていきたいと思っています。

解説　新しい自然哲学は未解決問題に挑めるか

野村泰紀

『宇宙の哲学』という題の本書ですが、みなさん読んでみていかがだったでしょうか？　私の感想は、非常に深い考察にあふれた大変興味深い内容だったというものです。

著者の伊藤邦武氏は哲学者でありながら、本書で自然科学、とくに物理学に対する極めて深い理解を示されています。私自身が最初に感銘を受けたのは、第一回の講義「コスモロジーの自立」にある、近代科学と現代科学の関係の考察から導かれる、氏の西洋近代哲学の有効性に対する議論です。ここで氏は西洋近代哲学の理解が単なる歴史的興味を満足させるものに終わってしまう可能性にも言及しながら、それでもその深い理解が現代の自然科学の発展に決定的となるような現代的自然哲学の構築につながるかもしれない理由を、氏自身の言葉で示しています。このような謙虚さと（良い意味での）楽観性は以降の講義でも一貫しており、本書の読後感を非常に心地よいものにしています。

もちろん、近代の自然哲学のみに基づいた概念には、いくつか現代物理学からの補足が必要になるかもしれません。たとえば、著者はコスモロジーの自立という概念を「宇宙全体の過去から将来までの一切についての認識が、その認識成立の可能性の原理をも含めて、その理論内部の説明原理によって得られることになるような、一種の科学の理想」と定義しています。しかし、現代の量子力学によれば、情報というものは必ず物質的な実体を伴わねばなりません。そのため、もし宇宙に存在する物理的自由度のすべてを記述しようとすれば、その宇宙とおなじ数の自由度を持った計算機が必要です。そして、この計算機も宇宙の一部であるから、これは宇宙の大きさ（自由度としての大きさ）が実は初めに想定したものの二倍だったことを意味し、その宇宙を完全に記述するためには元の二倍の大きさの宇宙を記述せねばならないということになります。そして、それにはこの二倍の宇宙とおなじ自由度を持った計算機が必要になり、その計算機もまた宇宙の一部であるから……と続いていくことになります。

これの意味するところは、物理学による宇宙の記述というのはすべての自由度を含んだ完全なものではなく、必然的に粗視化されたものになるということです。より具体的には、その記述は計算機なり観測者なりの物理的な大きさによって制約を受けることになります。このような量子情報的な原理的制限は、物理系が無限の情報を持ちうる（情報が「タダ」な）古典力学には存在しません（本書の第六講で述べられているような実際的な制約は存在します）。現代の我々の量子力学に対する観測に基づいた信頼を考えれば、「コスモロジーの自立」も、このような量子力学による基本的な制約のもとでのみ成立すると考えるのが自然であると思われます。

このように「補足」が必要になる可能性はあるものの、本書で取り上げられている多くの自然哲学的概念が、現代科学の基盤を成していることもまた事実です。これらの概念は、その成立の時代背景や経緯をも含めて、第二回から六回までの講義で非常に分かりやすく語られています。そしてそれは近代の自然科学と自然哲学を行ったり来たりするかたちで進められ、興味の中心がどちらにある読者でも楽しむことができるように工夫されています。

私自身は自然科学者なので、自然科学の部分ではそこに登場する科学者たちのあまり一般に知られていない一面に感銘を受け、また自然哲学の部分では日常の忙しさにかまけて疎かにしてしまっていた歴史的巨人たちの思想の勉強をし直すことができました。

たとえば、第二回の講義の主人公であるケプラーですが、私も彼が太陽系の構造を正多面体を使って説明するモデルを模索したことは知っていました（ちなみにこれは太陽系が「宇宙全体」であった当時にあっては、理にかなった試みです）。しかし、彼が最初のサイエンス・フィクションともいうべき書を著していたことは知りませんでした。また、彼によって「膨大な観察結果をできるだけ整合的に説明できるような「数学的パターン」の発見を目指したうえで、さらにそのパターンの「因果的な説明」を、力学上の理論によって与えようとする」という近現代科学の基礎となる方法論が確立されたということも、はっきりとは知りませんでした。これは、ガリレイ、ニュートンといった巨人に隠れがちなケプラーという偉人の先見性と独創性を浮き彫りにするもので、個人的にぜひ多くの自然科学者に読んでほしい話です。

続く三回目の講義では、カント、デカルト、パスカルといった偉大な哲学者、科学者、数学者の思想、業績が紹介されています。とくにパスカルの著作である『パンセ』が丁寧に解説されており、神の存在は論証的な証明によって認めることはできないこと、人間は精神と身体からなる二重的存在者であることなど、現代の自然科学に通ずる思想が生まれてきた様子がいきいきと語られています。個人的には、前者が現代自然科学では当たり前の前提として受け入れられているのに対し、後者は意識（コンシャスネス）の問題として現代科学にも大きな謎として残されているというのが面白いと思いました。

第四回と五回の講義では、時空というものをめぐっての過去の偉人たちの哲学的な思考が紹介されています。この時空というのは、量子重力理論という私自身が物理学者として専門の対象にしているものでもあるので、ここで少し補足的な解説を加えてみる意味もあるかと思います。

著者自身も「このような近代哲学の代表としてのカント哲学の結論には、ビッグバン宇宙論の構築を目指す今日のわれわれの目からみると、明らかに誤っていたと認めざるをえない面があります」と書いているように、近代哲学の代表者であるカントの時空に対する態度は、現在的観点からすると硬直したもののように思われます。彼の思考は、科学的な知識の構成のための形式的な条件はユークリッドの幾何学と結びついた時空形式以外にはありえない、もっと言うと人間はニュートン力学という固定的なパラダイムの枠内でさまざまな個別的研究にはげむべきであるといったもののようですが、以後の物理学の発展はこの考えから大きく逸脱した方向に向かって進むことになりました。

実際二〇世紀以降の物理学は、固定化された時空のなかで物体の力学を考えるというよりは、むしろ時空そのものの理解を深めることによって発展してきました。一九〇五年には有名なアインシュタインの特殊相対性理論により、空間と時間はデカルトやニュートンが考えていたような独立したものではなく、お互いに「混ざりあう」ことができるものだということが明らかにされます。具体的には、ある（私たちからすると）極端な条件の下では、ある人からみた時間というものが別の人にとっては空間となる（またはその逆）という不思議なことが起こり得ることが示されました。

また同じアインシュタインによって一九一六年に完成された一般相対性理論では、時空というのは我々が通常言うところの物質があるかどうかなどとは関係なく、それ自体が物理的な意味を持っていることも明らかにされました。たとえば、もしも物質が全くなかったとしても、時空自体がエネルギーを持つということが可能だったり、さらには時空は「曲がったり、丸まったり、波打ったり」することができ、力学の対象になるということも示されました。

そして現在では、時空というものもより基本的な自由度から「創発」されるものだということが明らかになってきています。具体的には、私たちの住む世界は量子力学的な状態で表されますが、時空というのはそれを構成する自由度の間の、量子もつれと言われる特定の関係を分かりやすく記述したものにすぎないということが分かってきています。すなわち、時空というのは近代の哲学者たちが考えていたような科学的思考に不可欠なものではなく、ある意味で二次的な概念だということです。実際に、時空という概念が存在しない世界は考えることができますし、そのような世界も存在するだろうと考えられます。少なくとも、そういった世界を数学的に記述することには何の問題もありません。

もちろん、もし時空が「二次的な」ものであったとしても、一度創発してしまえばそれが存在するとすることには何の問題もありません。これは、「イルカは存在するのか？」という問いに似ています。この問いに対して、イルカというのはすべて電子などの素粒子でできており、その運動は素粒子の基本法則ですべて決まっているのだから、イルカなどというのは人間が便宜的に導入した概念であり、本当は存在しないのだと言っても間違いではありません。一方で、常識的な意味ではイルカは実際に存在します。これは物理学的には、原子などがある一定期間（その構成原子は入れ替わりつづけながらも）ある種の構造を形作りつづけ、ある一定の影響を外部システムに及ぼしつづける現象だと言うことができます。そして、この意味ではイルカは確かに存在するのです。

いずれにせよ、「いかなる物体も存在しなかったとしても、空間自体は存在すると考えてよいのか。それとも、物体なしには空間もまた存在しないのか」といった問いは、量子重力のような数学的枠組みの中で「物体」や「存在」といった言葉を厳密に定義したうえで論じられなければならないというのは確かなように思われます。そしてこれは、著者自身も第七回の講義で述べている「従来の哲学の伝統のなかだけに留まって、世界と人間とをめぐる謎の答えを探しもとめようとすることは、もはや不可能になっている」という感覚とも一致すると思われます。

本書では、ここまで述べてきた以外にも様々なトピックが取り上げられています。第六回の講義では、決定論という概念が登場する経緯とその崩壊が論じられています。個人的には、ここで述べられているような（量子情報的な原理的限界ではない）「実際上」の限界をもって決定論の崩壊と呼ぶのには異論がありますが、大変面白い話に触れることができます。

また、三回にわたる補講では、時間が有限か無限かというテーマに絞って古代から近代にいたる哲学が解説されています。この時空の有限、無限性（より現代的には、我々の世界を構成する時空等を記述するために物理的に必要とされる量子的自由度の数の有限、無限性）というテーマは、私自身の研究とも密接に関係したものであり、そこで示されている哲学的議論に賛同するかは別として、大変興味をそそられる議論になっています（ちなみに時間とは物理的実態の相関を記述するものにすぎないとする現代物理学の知見によれば、時間的有限／無限と空間的有限／無限には本質的な違いはありません）。

ここで興味のある読者のために理論物理学者として一言付け加えておくと、現代の量子重力理論では、無限自由度系は（たとえば反ドシッター空間の量子重力理論と非重力の共形場理論の対応などにより）数学的に厳密に定義することが可能だが、有限の系の定式化にはまだ謎が多いという状況だということをお知らせしておこうかと思います（ここに出てきた専門用語については解説しませんが、ご興味ある方はインターネットなどで調べてみると面白いかもしれません）。

筆者の伊藤氏も度々書いておられるように、現代においても科学と哲学が、近代においてそうであったように密接な関係を持って進展していかなければならないかどうかは自明ではありません。私自身も日々の研究においては、いわゆる哲学からの直接的なインプットが必要になる場面というのは、実際上はほとんどないと言ってもよいかもしれません。

それでも、世界の有限性や無限性、人間の意識の科学的記述における究極的な役割など、現代の自然科学でもまだ解けていない難問を追究するのに、新しい自然哲学の力が必要になるというのは大いにあり得る話だと思われます。もしかすると、そのような「哲学と科学との協働という本来の作業」を通してのみ、私たちはこうした未解決の大問題に挑むことができるのかもしれません。そういったことを考えさせる貴重な読書体験でした。

最後に、このような刺激的な書を著してくださった伊藤邦武氏、またそれを読んで解説するという機会を与えてくださった講談社の栗原一樹氏に感謝をし、本解説の結びとさせていただきたいと思います。

二〇二三年一二月

（カリフォルニア大学バークレー校教授）

ナ行

ハ行

マ行

ヤ行

ラ行

人名索引

ア行

カ行

サ行

タ行

KODANSHA

本書の原本『宇宙を哲学する』は、二〇〇七年に
岩波書店より刊行されました。

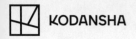

伊藤邦武（いとう　くにたけ）

1949年，神奈川県生まれ。京都大学名誉教授。専攻は哲学。著書に『パースのプラグマティズム』，『ケインズの哲学』，『偶然の宇宙』，『物語 哲学の歴史』，『プラグマティズム入門』など，訳書にパース『連続性の哲学』，W・ジェイムズ『純粋経験の哲学』，ポアンカレ『科学と仮説』などがある。

講談社学術文庫

定価はカバーに表示してあります。

宇宙《うちゅう》の哲学《てつがく》

伊藤邦武《いとうくにたけ》

2024年4月9日　第1刷発行
2024年6月24日　第2刷発行

発行者　森田浩章
発行所　株式会社講談社
東京都文京区音羽 2-12-21 〒112-8001
電話　編集（03）5395-3512
販売（03）5395-5817
業務（03）5395-3615

装　幀　蟹江征治
印　刷　株式会社広済堂ネクスト
製　本　株式会社国宝社
本文データ制作　講談社デジタル製作

ISBN978-4-06-535435-3

「講談社学術文庫」の刊行に当たって

これは、学術をポケットに入れることをモットーとして生まれた文庫である。学術は少年の心を養い、成年の心を満たす。その学術がポケットにはいる形で、万人のものになることは、生涯教育をうたう現代の理想である。

こうした考え方は、学術を巨大な城のように見る世間の常識に反するかもしれない。また、一部の人たちからは、学術の権威をおとすものと非難されるかもしれない。しかし、それはいずれも学術の新しい在り方を解しないものといわざるをえない。

学術は、まず魔術への挑戦から始まった。やがて、いわゆる常識をつぎつぎに改めていった。学術の権威は、幾百年、幾千年にわたる、苦しい戦いの成果である。こうしてきずきあげられた城が、一見して近づきがたいものにうつるのは、そのためである。しかし、学術の権威を、その形の上だけで判断してはならない。その生成のあとをかえりみれば、その根は常に人々の生活の中にあった。学術が大きな力たりうるのはそのためであって、生活をはなれた学術は、どこにもない。

開かれた社会といわれる現代にとって、これはまったく自明である。生活と学術との間に、もし距離があるとすれば、何をおいてもこれを埋めねばならない。もしこの距離が形の上の迷信からきているとすれば、その迷信をうち破らねばならぬ。

学術文庫は、内外の迷信を打破し、学術のために新しい天地をひらく意図をもって生まれた。文庫という小さい形と、学術という壮大な城とが、完全に両立するためには、なおいくらかの時を必要とするであろう。しかし、学術をポケットにした社会が、人間の生活にとってより豊かな社会であることは、たしかである。そうした社会の実現のために、文庫の世界に新しいジャンルを加えることができれば幸いである。

一九七六年六月

野間省一

哲学・思想・心理

1394
内山俊彦著
荀子
戦国時代最後の儒家・荀子の思想とその系譜。秦帝国出現前夜の激動の時代を生きた荀子。性悪説で名高い人間観をはじめ自然観、国家観、歴史観等、異彩を放つその思想の全容と、思想史上の位置を明らかにする。

1424
木田　元著（解説・保坂和志）
反哲学史
新たな視点から問いなおす哲学の歴史と意味。哲学を西洋の特殊な知の様式と捉え、古代ギリシアから近代への歴史を批判的にたどる。講義録をもとに平明に綴った刺激的哲学史。学術文庫『現代の哲学』の姉妹篇。

1477
柄谷行人著（解説・鎌田哲哉）
〈戦前〉の思考
国民国家を超克する「希望の原理」とは？　「終わり」が頻繁に語られる時、我々は何かの「事前」に立っていることを直観している。戦前を反復させぬために〈戦前〉の視点から思考を展開する著者による試論集。

1481
中島義道著
哲学の教科書
平易なことばで本質を抉る、哲学・非-入門書。哲学とは何でないか、という視点に立ち、哲学の何たるかを探る。物事を徹底的に疑うことが出発点になる、哲学センス・予備知識ゼロからの自由な心のトレーニング。

1515
坂部　恵著
カント
哲学史二千年を根源から変革した巨人の全貌。すべての哲学はカントに流れ入り、カントから再び流れ出す。認識の構造を解明した『純粋理性批判』などカントの独創的作品群を、その生涯とともに見渡す待望の書。

1544
小坂国継著
西田幾多郎の思想
自己探究の求道者西田の哲学の本質に迫る。強靱な思索力で意識を深く掘り下げた西田幾多郎。西洋思想と厳しく対決して、独自の体系を構築。西田哲学とはどのようなものか。その性格と魅力を明らかにする。

哲学・思想・心理

2087
鷲田清一著
だれのための仕事　労働vs余暇を超えて

たのしい仕事もあればつらい遊びもある。仕事／遊び、労働／余暇という従来の二分法が意味を消失した現代社会にあって「働く」ことと「遊ぶ」ことのかかわりを探究し、人間活動の未来像を探る清新な労働論。

2089
ジャック・ラカン著／宮本忠雄・関　忠盛訳
二人であることの病い　パラノイアと言語

フロイト精神分析を構造主義的に発展させ、二〇世紀の思想潮流にあって、確固たる地位を占めた著者が、一九三〇年代に発表した「症例エメ」他五篇の初期論文を収録。現代思想の巨人の出発点を探る必読書。

2095
伊藤博明著
ルネサンスの神秘思想

自然魔術、占星術、錬金術、数秘術、呪術的音楽、カバラ……。暗黒の中世を経て、甦った古代の神々と叡智。ルネサンスを「隠されたもの《オカルト》」も含め解読。異教の神々とキリスト教唯一神の抗争と対話とは？

2109
加藤尚武編著
ヘーゲル「精神現象学」入門

哲学史上、最難解にして重要な一冊を、精緻な読解と解説で解き明かす。「絶対的な真理」を秘めた神話的な書物という虚妄のベールを剥いで立ち上がる、野心的な哲学像の実現に挑んだヘゲルの苦闘の跡とは。

2120
丸山圭三郎著（解説・末永朱胤）
ソシュールを読む

コトバを手がかりに文化や社会の幻想性を解明・告発した〝近代言語学の父〟。その思想と方法はどのようなものか。構造主義や現代思想の潮流に多大な影響を与えた思想の射程と今日的な可能性が、あざやかに甦る。

2121
池田知久訳注
訳注「淮南子」

淮南王劉安が招致した数千の賓客と方術の士に編纂させた思想書『淮南子』は、道家、儒家、法家、兵家、墨家の諸子百家思想と、天文・地理などの知識を網羅した古代中国の百科全書である。その全貌を紹介する。

2326
ある神経病者の回想録
D・P・シュレーバー著／渡辺哲夫訳

フロイト、ラカン、カネッティ、ドゥルーズ&ガタリなど知の巨人たちに衝撃を与え、二〇世紀思想に不可逆の影響を与えた稀代の書物。壮絶な記録を明快な日本語で伝える、第一級の精神科医による渾身の全訳！

電P

2343
史的唯幻論で読む世界史
岸田　秀著

古代ギリシアは黒人文明であり、栄光のアーリア人は存在しなかった――。白人中心主義の歴史観が今なお世界を覆っている欺瞞と危うさを鮮やかに剔抉、その思想がいかにして成立・発展したかを大胆に描き出す。

電P

2362
カントの時間論
中島義道著

物体の運動を可能にする客観的時間が、自我のあり方を決める時間であることをいかに精確に記述することができるのか……。『純粋理性批判』全体に浸透している時間構成に関するカントの深い思索を読み解く。

電P

2363
交易する人間《ホモ・コムニカンス》　贈与と交換の人間学
今村仁司著

ヒトはなぜ他者と交易するのか？　人間存在の根源をなす「負い目」と「贈与」の心性による相互行為が解体して市場と資本主義が成立したとき、なにが起きたのか。人間学に新地平を切り拓いた今村理論の精髄。

電P

2364
現代思想の遭難者たち
いしいひさいち著

思想のエッセンスを直観的に汲み取り、笑いに変えてしまう「いしいワールド」のエネルギーに、哲学者たちも毀誉褒貶。これは現代思想の「脱構築」か？　それとも哲学に対する冒瀆か？　手塚治虫文化賞も受賞！

電

2368
ひとはなぜ戦争をするのか
A・アインシュタイン、S・フロイト／浅見昇吾訳（解説・養老孟司／斎藤　環）

アインシュタインがフロイトに問いかける。「ひとは戦争をなくせるのか？」。宇宙と心、二つの闇に理を見出した二人が、戦争と平和、そして人間の本性について真摯に語り合う。一九三二年、亡命前の往復書簡。

電P

哲学・思想・心理

2369

論理学　考える技術の初歩

E・B・ド・コンディヤック著／山口裕之訳

ロックやニュートンなどの経験論をフランスに輸入・発展させた十八世紀の哲学者が最晩年に記した、若者たちのための最良の教科書。これを読めば、難解な書物も的確に、すばやく読むことができる。本邦初訳。

電P

2385

エスの系譜　沈黙の西洋思想史

互《たがい》　盛央《もりお》著（解説・國分功一郎）

ニーチェやフロイトは沈黙する「エス＝それ」の淵源を見出したのか。「人」「言語」あるいは「普遍的なもの」とも呼ばれるものをめぐり、「私」を疑い「人間」を探って格闘した者たちを描く近代思想史の冒険。

電P

2394

パスカル『パンセ』を楽しむ　名句案内40章

山上浩嗣著

四十日で『パンセ』を制覇！　この作品は一見近づきやすそうだが、実際に手にすると意外に読みにくい。そこで第一級のパスカル研究者が、その魅力を味わい尽くすために書き下ろした。最高の読書体験を約束！

電P

2402

テレヴィジオン

ジャック・ラカン著／藤田博史・片山文保訳

精神分析中興の祖ラカンが一九七三年に出演したテレヴィ番組の貴重な記録。高弟J＝A・ミレールが問いかけ、一般視聴者に語られる師の答えは、比類なき明晰さをそなえている。唯一にして最良のラカン入門！

2406

愉しい学問

フリードリヒ・ニーチェ著／森　一郎訳

『ツァラトゥストラはこう言った』と並ぶニーチェの主著。随所で笑いを誘うアフォリズムの連なりから「永遠回帰」の思想が立ち上がり、「神は死んだ」という鮮烈な宣言がなされる。第一人者による待望の新訳。

電P

2408

アルキビアデス　クレイトポン

プラトン著／三嶋輝夫訳

ソクラテス哲学の根幹に関わる二篇。野心家アルキビアデスにソクラテスは自己認識と徳の不可欠性を説く（アルキビアデス）。他方、クレイトポンは徳の内実と修得法を教えるようソクラテスに迫る（クレイトポン）。

電P

哲学・思想・心理

2409

死に至る病

セーレン・キェルケゴール著／鈴木祐丞訳

「死に至る病とは絶望のことである」。この鮮烈な主張を打ち出した本書は、キェルケゴールの後期著作活動の集大成として燦然と輝く。最新の校訂版全集に基づいてデンマーク語原典から訳出した新時代の決定版。

電 P

2414

統合失調症あるいは精神分裂病　精神医学の虚実

計見一雄著

昏迷・妄想・幻聴・視覚変容などの症状は何に由来するのか？「人格の崩壊」「知情意の分裂」などの謬見はしだいに正されつつある。脳研究の成果も参照し、病の本態と人間の奥底に蠢く「原基的なもの」を探る。

電 P

2416

『老子』　その思想を読み尽くす

池田知久著

老子の提唱する「無為」「無知」「無学」は、儒家思想のたんなるアンチテーゼでもニヒリズムでもない。最終目標の「道」とは何か？ 哲学・倫理思想・政治思想・自然思想・養生思想の五つの観点から徹底解読。

電 P

2418

時間の非実在性

ジョン・E・マクタガート著／永井　均訳・注解と論評

はたして「現在」とは、「私」とは何か。A系列（過去・現在・未来）とB系列（より前とより後）というマクタガートが提起した問題を、永井均が縦横に掘り下げてゆく。時間の哲学の記念碑的古典、ついに邦訳。

電 P

2424

ハイデガー入門

竹田青嗣著

「『ある』とか何か」という前代未聞の問いを掲げた未完の大著『存在と時間』を豊富な具体例をまじえながら分かりやすく読解。「二十世紀最大の哲学者」の思想に接近するための最良の入門書がついに文庫化！

電

2425

哲学塾の風景　哲学書を読み解く

中島義道著（解説・入不二《いりふじ》基義《もとよし》）

カントにニーチェ、キルケゴール、そしてサルトル。哲学書は我流で読んでも、実は何もわからない。必要なのは正確な読解。読みながら考え、考えつつ読む、手加減なき師匠の厳しくも愛に満ちた指導を完全再現。

電 P

哲学・思想・心理

2429・2430
荘子（上）（下）全現代語訳
池田知久訳

「無」からの宇宙生成、無用の用、胡蝶の夢……。宇宙論から人間の生き方、処世から芸事まで。幅広い思想を展開した、汲めども尽きぬ面白さをもった『荘子』を達意の訳文でお届けする『荘子　全訳注』の簡易版。

2436
ゼノン　4つの逆理　アキレスはなぜ亀に追いつけないか
山川偉也著

「飛矢は動かない」「アキレスは亀に追いつけない」。紀元前五世紀の哲学者ゼノンが提示した難解パラドクスはその後の人類を大いに悩ませた。その真の意図とそれが思想史に及ぼした深い影響を読み解く。

2457
言語起源論
ヨハン・ゴットフリート・ヘルダー著／宮谷尚実訳

神が創り給うたのか？　それとも、人間が発明したのか？――古代より数多の人々を悩ませてきた難問に果敢に挑み、大胆な論を提示して後世に決定的な影響を与えた名著。初の自筆草稿に基づいた決定版新訳！

2459
リュシス　恋がたき
プラトン著／田中伸司・三嶋輝夫訳

美少年リュシスとその友人を相手にプラトンが「友愛」とは何かを論じる『リュシス』。そして、「知を愛すること」としての「哲学」という主題を扱った『恋がたき』。「愛すること」で貫かれた名対話篇、待望の新訳。

2460
メタサイコロジー論
ジークムント・フロイト著／十川幸司訳

「抑圧」、「無意識」、「夢」など、精神分析の基本概念を刷新するべく企図された幻の書『メタサイコロジー序説』に収録されるはずだった論文のうち、現存する六篇すべてを集成する。第一級の分析家、渾身の新訳！

2463
道徳を基礎づける　孟子vs.カント、ルソー、ニーチェ
フランソワ・ジュリアン著／中島隆博・志野好伸訳

井戸に落ちそうな子供を助けようとするのはなぜか。道徳のもっとも根源的な問いから、孟子と西欧哲学を自在に往還しつつ普遍に迫る、現代フランス哲学の旗手の主著、待望の文庫化！　東浩紀氏絶賛の快著！

哲学・思想・心理

2693
未完のレーニン 〈力〉の思想を読む
白井　聡著（解説・國分功一郎）

資本主義の「外」は断じて存在する！　レーニンという思想史上の事件そのものである人物の思想、その核心を、『国家と革命』『何をなすべきか？』のテクストを読み込むことで摑み、現代人にとっての意義を捉え直す。電P

2694
自然真営道
安藤昌益著／野口武彦抄訳・解説

江戸中期、封建社会の低層たる農民の生活を根拠としながら、独特の時代批判をものした思想家・昌益。人間の作為を暴き、自然世への回帰を説く、「土の思想」の核心とは何か？　管啓次郎氏によるエッセイも収録。電P

2699
デカルト 「われ思う」のは誰か
斎藤慶典著

「われ思う、ゆえにわれあり」という命題は最終到達点ではなかった！　『方法叙説』と『省察』という二つの主著を精緻に読み解くことで、この命題のもつ真の意味を明らかにする。第一人者が挑む哲学者との対話！電P

2700
方法叙説
ルネ・デカルト著／小泉義之訳

われわれは、この新訳を待っていた――デカルトから出発した孤高の研究者が満を持してみずからの原点に再び挑む。『方法序説』という従来の邦題を再検討に付すなど、細部に至るまで行き届いた最良の訳が誕生！電P

2703
個性という幻想
ハリー・スタック・サリヴァン著／阿部大樹編訳

対人関係が精神疾患を生み出すメカニズムを解明し、いま注目の精神医学の古典。人種差別、徴兵と戦争、プロパガンダ、国際政治などを論じ、社会科学の中に精神医学を位置づける。本邦初訳の論考を中心に新編集。電P

2704
人間の条件
ハンナ・アレント著／牧野雅彦訳

「労働」「仕事」「行為」の三分類で知られ、その絡み合いの中で「世界からの疎外」がもたらされるさまを描き出した古典。はてしない科学と技術の進歩の中、人間はいかにして「人間」でありうるのか――待望の新訳！電P

自然科学

1
今西錦司著（解説・小原秀雄）
進化とはなにか
正統派進化論への疑義を唱える著者は名著『生物の世界』以来、豊富な踏査探検と卓抜な理論構成とで、〝今西進化論〟を構築してきた。ここにはダーウィン進化論を凌駕する今西進化論の基底が示されている。

31
朝永振一郎《ともながしんいちろう》著（解説・伊藤大介）
鏡の中の物理学
〝鏡のなかの世界と現実の世界との関係は……〟この身近な現象が高遠な自然法則を解くカギになる。科学と量子力学の基礎を、ノーベル賞に輝く著者が一般読者のために平易な言葉とユーモアをもって語る。

94
湯川秀樹著（解説・片山泰久）
目に見えないもの
初版以来、科学を志す多くの若者の心を捉えた名著。自然科学的なものの見方、考え方を誰にもわかる平易な言葉で語る珠玉の小品。真実を求めての終りなき旅に立った著者の研ぎ澄まされた知性が光る。
電 P

195
湯川秀樹著
物理講義
ニュートンから現代素粒子論までの物理学の展開を、歴史上の天才たちの人間性にまで触れながら興味深く語った名講義の全録。また、博士自身が学生時代の勉強法を随所で語るなど、若い人々の必読の書。

320
W・B・キャノン著／舘　鄰・舘　澄江訳（解説・舘　鄰）
からだの知恵
この不思議なはたらき
生物のからだは、つねに安定した状態を保つために、さまざまな自己調節機能を備えている。本書は、これをひとつのシステムとしてとらえ、ホメオステーシスという概念をはじめて樹立した画期的な名著。

529
牧野富太郎著（解説・伊藤　洋）
植物知識
本書は、植物学の世界的権威が、スミレやユリなどの身近な花と果実二十二種に図を付して、平易に解説したもの。どの項目から読んでも植物に対する興味がわき、楽しみながら植物学の知識が得られる。

自然科学

764
村上陽一郎著
近代科学を超えて

クーンのパラダイム論をふまえた科学理論発展の構造を分析。科学の歴史的考察と構造論的考察から、科学史と科学哲学の交叉するところに、科学の進むべき新しい道をひらいた気鋭の著者の画期的科学論である。

844
森　毅著
数学の歴史

数学はどのように生まれどう発展してきたか。数学史を単なる記号や理論の羅列とみなさず、あくまで人間の文化的な営みの一分野と捉えてその歩みを辿る。知的な挑発に富んだ、歯切れのよい万人向けの数学史。

979
森　毅著（解説・野崎昭弘）
数学的思考

「数学のできる子は頭がいい」か、それとも「数学などやる人間は頭がおかしい」か。ギリシア以来の数学的思考の歴史を一望。現代数学・学校教育の歪みを一刀両断。数学迷信を覆し、真の数理的思考を提示。

996
森　毅著（解説・村上陽一郎）
魔術から数学へ

西洋に展開する近代数学の成立劇。小数はどのように生まれたか、対数は、微積分は？　宗教戦争と錬金術が猖獗を極める十七世紀ヨーロッパでガリレイ、デカルト、ニュートンが演ずる数学誕生の数奇な物語。

1332
池田清彦著
構造主義科学論の冒険

旧来の科学的真理を問い直す卓抜な現代科学論。科学理論を唯一の真理として、とめどなく巨大化し、環境破壊などの破滅的状況をもたらした現代科学。多元主義にもとづく科学の未来を説く構造主義科学論の全容。

1341
杉田玄白著／酒井シヅ現代語訳（解説・小川鼎三）
新装版　解体新書

日本で初めて翻訳された解剖図譜の現代語訳。オランダの解剖図譜『ターヘル・アナトミア』を玄白らが翻訳。日本における蘭学興隆のきっかけをなし、また近代医学の足掛かりとなった古典的名著。全図版を付す。

自然科学

2240

生命誌とは何か

中村桂子著

「生命科学」から「生命誌」へ。博物学と進化論、DNA、クローン技術など、人類の「生命への関心」を歴史的にたどり、生きものの多様性と共通性を包む新たな世界観を追求する。ゲノムが語る「生命の歴史」。

電P

2248

生物学の歴史

アイザック・アシモフ著／太田次郎訳

人類は「生命の謎」とどう向き合ってきたか。古代ギリシャ以来、博物学、解剖学、化学、遺伝学、進化論などの間で揺れ動き、二〇世紀にようやく科学として体系を成した生物学の歴史を、SF作家が平易に語る。

2256

相対性理論の一世紀

広瀬立成著

時間と空間の概念を一変させたアインシュタイン。「力の統一」「宇宙のしくみ」など現代物理学の起源となった研究はいかに生まれたか。科学の常識を根底から覆した天才の物理学革命が結実するまでのドラマ。

電P

2265

寺田寅彦 わが師の追想

中谷宇吉郎著（解説・池内 了）

その文明観・自然観が近年再評価される異能の物理学者に間近に接した教え子による名随筆。研究室の様子から漱石の思い出まで、大正～昭和初期の学問の場の闊達な空気と、濃密な師弟関係を細やかに描き出す。

電P

2269

奇跡を考える 科学と宗教

村上陽一郎著

科学はいかに神の代替物になったか？　奇跡の捉え方を古代以来のヨーロッパの知識の歴史にたどり、また宗教と科学それぞれの論理と言葉の違いを明らかにして、人間中心主義を問い直し、奇跡の本質に迫る試み。

2288

ヒトはいかにして生まれたか 遺伝と進化の人類学

尾本恵市著

人類は、いつ類人猿と分かれたのか。ヒトが直立二足歩行を始めた時、DNAのレベルでは何が起こっていたのか。遺伝学の成果を取り込んでやさしく語る、人類誕生の道のり。文理融合の「新しい人類学」を提唱。

電P

自然科学

2315
数学の考え方
矢野健太郎著（解説・茂木健一郎）

数学とは人類の経験の集積である。ものの見方、考え方の歴史としてその道程を振り返るとき、眼前には見たことのない「風景」が広がるだろう。数えることから現代数学までを鮮やかにつなぐ、数学入門の金字塔。

電P

2346
イヌ　どのようにして人間の友になったか
J・C・マクローリン著・画／澤﨑　坦訳（解説・今泉吉晴）

アメリカの動物学者でありイラストレーターでもある著者が、人類とオオカミの子孫が友として同盟を結ぶまでの進化の過程を、一〇〇点以上のイラストと科学的推理をまじえてやさしく物語る。犬好き必読の一冊。

電P

2360
天才数学者はこう解いた、こう生きた　方程式四千年の歴史
木村俊一著

ピタゴラス、アルキメデス、デカルト……天才の発想と生涯に仰天！　古代バビロニアの60進法からヒルベルトの「二〇世紀中に解かれるべき二三の問題」まで、数学史四千年を一気に読みぬく痛快無比の数学入門。

電P

2370・2371
人間の由来（上）（下）
チャールズ・ダーウィン著／長谷川眞理子訳・解説

『種の起源』から十年余、ダーウィンは初めて人間の由来と進化を本格的に扱った。昆虫、魚、両生類、爬虫類、鳥、哺乳類から人間への進化を「性淘汰」で説明。我々はいかにして「下等動物」から生まれたのか。

電P

2382

アーネスト・メイスン・サトウ著／庄田元男訳

アーネスト・サトウの明治日本山岳記

幕末維新期の活躍で知られる英国の外交官サトウ。彼は日本の「近代登山の幕開け」に大きく寄与した人物でもあった。富士山、日本アルプス、高野山、日光と尾瀬……。数々の名峰を歩いた彼の記述を抜粋、編集。

電P

2410
星界の報告
ガリレオ・ガリレイ著／伊藤和行訳

月の表面、天の川、木星……。ガリレオにしか作れなかった高倍率の望遠鏡に、宇宙は新たな姿を見せた。その衝撃は、伝統的な宇宙観の破壊をもたらすことになる。人類初の詳細な天体観測の記録が待望の新訳！

電P

自然科学

2472
流線形の考古学
原　克《かつみ》著（解説・佐藤良明）
速度・身体・会社・国家

空気力学の精華、速度・燃費・形状革命として作られた「流線形」車エアフロー。それは社会の事象全体に関してムダの排除、効率化、社会浄化を煽る記号となる。二〇世紀前半を席巻した流線形の科学神話を通覧。

電P

2519
科学者と世界平和
アルバート・アインシュタイン著／井上　健訳（解説・佐藤優／筒井　泉）

ソビエトの科学者との戦争と平和をめぐる対話「科学者と世界平和」。時空の基本概念から相対性理論の着想、統一場理論への構想まで記した「物理学と実在」。平和と物理学、それぞれに統一理論はあるのか？

電P

2525
日本近代科学史
村上陽一郎著

明治維新から昭和を経て、科学と技術の国になった日本。だが果たして日本人は、西欧に生まれ育った〝科学〟を本当に受け容れたのか。西欧科学から日本文化の五〇〇年を考察した、壮大な比較科学思想史！

電P

2541
物理学と神
池内　了著

物理学は神を殺したか？　アリストテレスから量子力学まで、人間は至高の存在といかに対峙してきたか。「神という難問」に翻弄され苦闘する科学史を、名手が軽妙かつ深く語るサイエンス・ヒストリー！

電P

2553
雨の科学
武田喬男著（解説・藤吉康志）

雲から雨が降るのは、奇跡的な現象だ。最大半径三ミリ、秒速九メートルの水滴が見せてくれる地球の不思議。雲粒のでき方から、多発する集中豪雨のメカニズム、人工降雨の可能性まで、やさしく奥深く解説する。

電P

2574
漢方医学
渡辺賢治著
「同病異治」の哲学

二〇〇種の漢方生薬は、どうして効くのか。同じ病名でも人によって治療が異なる「同病異治」の哲学とはいったい何か？　東洋の哲学と西洋医学を融合させた、日本漢方。その最新研究と可能性を考察する。

電P

自然科学

2580
西洋占星術史 科学と魔術のあいだ
中山　茂著（解説・鏡リュウジ）
「星占い」の起源には紀元前一〇世紀頃、現在のバグダッド南方に位置するバビロニアで生まれた技法がある。紆余曲折を経ながら占星術がたどってきた長大な道のりを描く、コンパクトにして壮大な歴史絵巻。
電P

2586
脳とクオリア なぜ脳に心が生まれるのか
茂木健一郎著
ニューロン発火がなぜ「心」になるのか？　「私が私であることの不思議」、意識の謎に正面から挑んだ、茂木健一郎の核心！　人工知能の開発が進み人工意識が現実的に議論される時代にこそ面白い一冊！
電P

2600
形を読む 生物の形態をめぐって
養老孟司著
生物の「形」が含む「意味」とは何か？　解剖学、生理学、哲学、美術……古今の人間の知見を豊富に使って繰り広げられる、スリリングな形態学総論！　形を読むことは、人間の思考パターンを読むことである。
電P

2605
暦と占い 秘められた数学的思考
永田　久著
古代ローマ、中国の八卦から現代のグレゴリオ暦まで古今東西の暦を読み解き、数の論理で暦と占いのつながりを明らかにする。伝承、神話、宗教に迷信や権力欲も取り込んだ知恵の結晶を概説する、蘊蓄満載の科学書。
電P

2611
ガリレオの求職活動　ニュートンの家計簿 科学者たちの生活と仕事
佐藤満彦著
「お金がない、でも研究したい！」〝科学者〟という職業が成立する以前、研究者はいかに生計を立てたのか。パトロン探しに権利争い、師弟の確執――天才たちの波瀾万丈な生涯から辿る、異色の科学史！
P

2646
物理学の原理と法則 科学の基礎から「自然の論理」へ
池内　了著
世界の真理は、単純明快。テコの原理から$E=mc^2$、量子力学まで、中学校理科の知識で楽しく読めて、エッセンスが理解できる名手の見事な解説。エピソード満載でおくる「文系のための物理学入門」の決定版！
電P

自然科学

2663
村上陽一郎著
科学史・科学哲学入門

西欧近代が刻印された科学はその限界を迎えた。環境問題を前にわれわれはどのような未来を選択するのか？　私たちの思考を呪縛する科学を徹底解剖し、本質を問い直す。ＳＤＧｓのずっと先へ。

電P

2682
吉田光邦著（解説・池内　了）
江戸の科学者

関孝和、貝原益軒、渋川春海、平賀源内……。著名な杉田玄白から砲術家の坂本天山まで代表的な科学者の伝記を通して、江戸に花開いた科学や技術の発展の軌跡を紹介する。二九人の科学者小伝付き！

電P

2698
河合雅雄著（解説・山極壽一）
ニホンザルの生態

日本の霊長類学のパイオニアたちが独自に開発・発展させた方法論は、サル社会のダイナミックな構造と文化を生き生きと描き出す。サルの生態を通して人間性の起源に迫る、世界に比類なき霊長類研究の到達点。

電P

2707
粂　和彦著
時間の分子生物学
時計と睡眠の遺伝子

人間、草木、細菌にまで共通する二十四時間のリズム＝生物時計。その驚異のメカニズムを解き明かし、「生物はなぜ眠るのか」という最大の謎に挑む！　時計とうまく付きあう方法まで、第一線の研究者が平易に解説。

電P

2711
柳澤桂子著
リズムの生物学

我々はなぜ、行進に心躍らせ、太鼓の響きに陶酔するのか？　心臓の鼓動、脳波、痛みと快楽の刺激、眠り――。人体で繰り返されるリズム発生のメカニズムを、原子の世界から宇宙現象まで、雄大な視点で解き明かす！

電P

2732
端山好和著
自然科学の歴史

物理学・化学・生物学・地学の四分野を見渡す視点を持ってこそ、科学の本当の意味がわかる。古代占星術から、アラビアの科学、ルネサンス、産業革命を経て、現代の原子力開発と遺伝子操作まで。科学と技術の人類史。

電P